AGUILAR

El príncipe
de los mendigos

Aguilar es un sello editorial del Grupo Santillana

Argentina
Avda. Leandro N. Alem, 720
C 1001 AAP Buenos Aires
Tel. (54 114) 119 50 00
Fax (54 114) 912 74 40

Bolivia
Avda. Arce, 2333
La Paz
Tel. (591 2) 44 11 22
Fax (591 2) 44 22 08

Chile
Dr. Aníbal Ariztía, 1444
Providencia
Santiago de Chile
Tel. (56 2) 384 30 00
Fax (56 2) 384 30 60

Colombia
Calle 80 No. 9-69
Bogotá
Tel. (57 1) 639 60 00

Costa Rica
La Uruca
Del Edificio de Aviación Civil 200 m al Oeste
San José de Costa Rica
Tel. (506) 220 42 42 y 220 47 70
Fax (506) 220 13 20

Ecuador
Avda. Eloy Alfaro, 33-3470 y Avda. 6
de Diciembre
Quito
Tel. (593 2) 244 66 56 y 244 21 54
Fax (593 2) 244 87 91

El Salvador
Siemens, 51
Zona Industrial Santa Elena
Antiguo Cuscatlan - La Libertad
Tel. (503) 2 505 89 y 2 289 89 20
Fax (503) 2 278 60 66

España
Torrelaguna, 60
28043 Madrid
Tel. (34 91) 744 90 60
Fax (34 91) 744 92 24

Estados Unidos
2023 N.W. 84th Avenue
Doral, F.L. 33122
Tel. (1 305) 591 95 22
Fax (1 305) 591 74 73

Guatemala
7ª Avda. 11-11
Zona 9
Guatemala C.A.
Tel. (502) 24 29 43 00
Fax (502) 24 29 43 43

Honduras
Colonia Tepeyac Contigua a Banco Cuscatlan
Boulevard Juan Pablo, frente al Templo
Adventista 7º Día, Casa 1626
Tegucigalpa
Tel. (504) 239 98 84

México
Avda. Universidad, 767
Colonia del Valle
03100 México D.F.
Tel. (52 5) 554 20 75 30
Fax (52 5) 556 01 10 67

Panamá
Avda. Juan Pablo II, nº15. Apartado Postal
863199, zona 7. Urbanización Industrial
La Locería - Ciudad de Panamá
Tel. (507) 260 09 45

Paraguay
Avda. Venezuela, 276,
entre Mariscal López y España
Asunción
Tel./fax (595 21) 213 294 y 214 983

Perú
Avda. Primavera 2160
Surco
Lima 33
Tel. (51 1) 313 4000
Fax (51 1) 313 4001

Puerto Rico
Avda. Roosevelt, 1506
Guaynabo 00968
Puerto Rico
Tel. (1 787) 781 98 00
Fax (1 787) 782 61 49

República Dominicana
Juan Sánchez Ramírez, 9
Gazcue
Santo Domingo R.D.
Tel. (1809) 682 13 82 y 221 08 70
Fax (1809) 689 10 22

Uruguay
Constitución, 1889
11800 Montevideo
Tel. (598 2) 402 73 42 y 402 72 71
Fax (598 2) 401 51 86

Venezuela
Avda. Rómulo Gallegos
Edificio Zulia, 1º - Sector Monte Cristo
Boleita Norte
Caracas
Tel. (58 212) 235 30 33
Fax (58 212) 239 10 51

Guillermo Descalzi

El príncipe de los mendigos

AGUILAR

AGUILAR

De esta edición:
© 2009, Santillana USA Publishing Company, Inc.
2023 N. W. 84th Avenue
Doral, FL, 33122
Teléfono: (305) 591-9522

Fotografías del autor: Archivo personal Guillermo Descalzi
Diseño de cubierta: Silvana Izquierdo
Diseño y armada de interiores: Gerardo Hernández Clark, Mauricio Laluz

El príncipe de los mendigos
ISBN-13: 978-1-60396-613-9
ISBN-10: 1-60396-613-7

Published in The United States of America
Printed in Colombia by D'vinni S.A.

12 11 10 09   1 2 3 4 5 6 7 8 9 10

A

Enrique Gratas

Malule González

A friend in need is a friend in deed

Prólogo a la segunda edición

La primera edición se vendió "como pan caliente". El libro, que salió a la venta con el milenio, entre el 99 y el 2000, se agotó en el 2004. Desde entonces me he convertido en un filósofo. No soy un filósofo de elite. No, soy un filósofo de la calle. No practico una filosofía encumbrada en el pensamiento. Practico una que está basada en el sentimiento. Es, como la llamo en este libro, "filosofía de la calle". Tanto en este libro como en el que le sigue, *El jamón*, guía mis apuntes la convicción de que la filosofía debe estar basada en el sentimiento y surgir de la calle y de la vida misma.

Ha corrido mucha agua desde ese 26 de Diciembre de 1995 cuando mi colega Pedro Sevcec y su productora Malule González fueron a buscarme en las calles de Adams Morgan en Washington D.C. Me ha ido muy bien. Me mantengo limpio y sobrio y en mi mundo interior he alcanzado una paz y una estabilidad que nunca creí que fuese a alcanzar. En el mundo exterior he pasado por los vaivenes de este mundo. He dejado un empleo, he perdido otro, me han botado de uno, me han rechazado y me han aceptado en aún otros más. He aprendido a llevar estos altibajos con serenidad, y puedo decir con bastante justicia que poco es lo que pueda ocurrir por afuera que me pueda alterar por adentro.

Al salir de la calle entré a trabajar en el programa Ocurrió Así que conducía mi amigo Enrique Gratas. Tuve el lujo de viajar alrededor del mundo haciendo historias que otros programas no cubrían. Viajé a Albania, estuve en un portaaviones en el Adriático durante la guerra de los Balcanes. Estuve en Israel durante la segunda intifada, fui incontables veces por toda la América Latina. En Colombia conocí a Tiro Fijo, el ahora difunto líder de las FARC. Luego pasé al noticiero de Telemundo, primero como co-presentador y luego como corresponsal en jefe. Renuncié a mi puesto a tiempo completo en esa cadena para irme a Radio Única, donde me hicieron una tremenda oferta. Joaquín Blaya, su presidente, me dio la oportunidad de incursionar en un medio en el que nunca había estado, la radio, y así llegué por radio hasta el último rincón hispano de los Estados Unidos. De allí pasé unos meses con mi colega Ricardo Brown conduciendo un programa local llamado "Descalzi versus Brown". De allí pasé a otro canal, a donde se me llevó con bombo y platillo y surgió el programa "Quiéreme Descalzi". Agradezco todas estas experiencias, todas las oportunidades y todas las lecciones, incluso las duras.

He aprendido la gran verdad de lo que escribió Marco Aurelio en el segundo siglo de nuestra era. Refiriéndose a este mundo, el emperador de Roma escribió en sus "Meditaciones" en griego:

"Comienzo todas las mañanas diciéndome que en este día me voy a encontrar con gente chismosa, ingrata, arrogante, antisocial. Son todo eso porque ignoran lo que es bueno y lo que es malo... Pero yo, que he visto la naturaleza del bien y que tiene belleza, y la naturaleza del mal, y que el mal es feo, sé que la naturaleza de los que hacen mal es como la mía. ¿Cómo pues los voy a condenar? Somos de la misma línea, de la misma sangre, de la misma semilla. Todos venimos de los mismos orígenes. Somos partícipes de la misma inteligencia y de la misma divinidad, y ninguno me puede hacer daño porque ninguno puede imponer su fealdad sobre mí. No puedo molestarme con ellos, ni odiarlos. Hemos sido creados para cooperar, igual que nuestros pies, manos y párpados."

A nivel personal, he recuperado mi relación con mis cinco hijos. Al salir de la calle, me fue difícil volver a ser el responsable económico de mis hijas menores que recién estaban por entrar a la universidad. Afortunadamente, volví a ganar bien, y haciendo esfuerzos pude asumir mi responsabilidad. Mis dos hijas menores ya se han graduado y viven en el área de Washington, D.C. Tengo una hija con parálisis cerebral con la cual siempre me he mantenido muy unido aunque a la distancia. Ella vive en un hogar en California donde recibe atención las 24 horas. Muchas veces quisiera vivir con ella pero sé que así, como lo estamos haciendo, es mejor. Si en un futuro el dinero fuese suficiente, la traería a vivir conmigo y le pondría cuidadores las 24 horas del día. Mientras tanto, la traigo a casa cada vez que puedo, por periodos de dos semanas. Otra hija, es enfermera en Arizona, y está casada con un sheriff del condado de Maricopa. Y luego esta mi único varón, que ya va por los 40 años de edad. Es cirujano ortopédico en un hospital en el área de Los Ángeles.

Mientras vivía en la calle, pensaba en mi familia, pero estaba en un proceso de auto-salvación, y era importante que pasara por él. Mas daño les hubiese hecho con ellos que sin ellos. Yo había sido una persona muy falsa y enferma y lo mejor que pude hacer por ellos fue volverme real. Así lo entendí, y mis hijos lo han venido a entender así. Los tres mayores ya eran grandes y las dos menores vivían con su madre en un suburbio de Washington D.C. Mi hijo mayor, que estudiaba en ese entonces en la Universidad del Estado de Maryland en

College Park, me visitaba en la calle de cuando en cuando y siempre hemos mantenido un amor muy profundo entre los dos. Sé que le fue difícil verme así, pero sé también que él entendía que yo estaba mal, y que lo que hacía era necesario. Con respecto a mi esposa de ese entonces, puedo decir que era una mujer fuerte, de buen carácter y muy trabajadora, a la cual yo dejé muy confundida por mi adicción a las drogas y al alcohol. Creyó quizás que me iba a reformar, y no pudo. Es que nadie reforma ni salva a nadie. Esa es tarea de cada uno. Me echó de casa. No nos hemos vuelto a ver.

Mis padres sabían que vivía en la calle. Debe de haberles dolido mucho verme enfermo como estuve durante los años de mi juventud, pero tuvieron la gran fortaleza de dejarme ser. Quizás otros padres me hubiesen internado, y ese hubiese sido un gran error. La gente para salvarse se tiene que salvar por sí misma. El respeto al libre albedrío tiene que ser total, pese a quien le pese, y por eso, porque me respetaron, pude finalmente salir del hoyo en el que estaba. De lo contrario, sencillamente me hubiesen "curado", pero las "curas" siempre son parciales y con efectos colaterales. Son distintas de la salvación. Ellos dejaron que me salvase. Viven en Toronto y tienen 90 y 87 años de edad respectivamente.

He vuelto a saber de mis amigos de la calle pero con el paso de los años los encuentros se hacen más distantes. Siempre los busco cuando voy a Washington D.C., y la mayoría de los que no han muerto siguen en la calle. Les es difícil salir de la calle, no porque el mundo sea más duro para ellos sino porque ese *es su mundo*. Guajiro salió de la calle. Lo traje de Washington D.C. a Miami, donde vivió conmigo un tiempo. Hoy está muy bien y muy sobrio, pero también… ¡Muy gordo! Yo también estoy gordito. Cuando voy a Washington D.C. me encuentro con los que todavía quedan en la calle y llego preparado con billetes de a veinte dólares para darles. Nadie salva a nadie, y yo tampoco los puedo salvar a ellos. Lo único que puedo hacer es ayudarlos, y cuando piden ayuda se las doy. Sandrita abandonó la calle y hoy es una madre respetable. Venezuela acabó en la cárcel, rodando de condena en condena con intervalos de ladrón. Al Gato se lo llevó *"la migra"* de regreso a su país. Zapatón desapareció. Al cojo lo mataron a cuchillo. Uno murió envenenado bebiendo alcohol de farmacia. De los "gringos" no he sabido nada. Me imagino que sus familias, como eran acomodadas, habrán intervenido de alguna manera en sus vidas, cosa que, afortunadamente no me pasó a mí.

La gente que me tendió la mano ha tenido destinos diferentes. A mi gran amigo, Enrique Gratas, lo sigo queriendo a través del tiempo y la distancia. Pedro Sevcec es el presentador del noticiero nacional de Telemundo, tarea que cumple excelentemente bien. Malule sigue siendo mi 'mamá' postiza porque a través de ella volví a vivir. Nos vemos poco, pero nos vemos. Siempre que voy a Washington D.C. visito a los que me tendieron la mano allí, en especial a mis compadres, Julia y Tomás.

Por supuesto que he sentido el deseo de volver a vivir en la calle. Es que no se pueden imaginar ustedes la tranquilidad que le llega a uno cuando aprende a vivir sin nada, sin seguridad alguna. Sé, sin embargo, que no puedo volver a la calle ahora porque no es el papel que ahora me corresponde. Yo tenía miedo a ser ejemplo de cambio y renovación, quizás porque nunca creí que pudiese mantenerme cambiado y renovado. Hoy tengo temor a traicionar el ejemplo que pueda haber dado a cuantos atraviesen circunstancias como las que yo atravesé.

He sido miembro del directorio de Camilus House, una organización para desamparados en Miami. Viajo a menudo a hablar ante grupos de alcohólicos y drogadictos en distintas partes de Estados Unidos, y siempre que veo a un desamparado en la calle, le tiendo la mano.

Por último, la primera edición de El príncipe de los mendigos la empecé a escribir recién salido de la calle. La he revisado, y en esta segunda edición he eliminado algunas líneas y añadido otras. Las ideas y las historias son las mismas. Mirando hacia atrás me doy cuenta de que al escribirlo todavía tenía deseos de 'explicar' mis acciones, y que las explicaciones tienden a convertirse en justificaciones. Creo sin embargo haber logrado un libro bastante limpio de auto justificación. Es un libro para el gran público en el sentido de que las ideas que aquí expongo pueden servir a todos. También es un libro con un mensaje especial para aquellos cuyo ser esté poseído por algo. La mayoría de nosotros vivimos poseídos por algo, solo que no nos damos cuenta de ello. No solo los alcohólicos y adictos están poseídos. Existen muchas otras formas de posesión. Este libro es para todos aquellos que buscan librarse de la posesión que enmarca sus vidas, que los mantiene prisioneros dentro de un marco rígido del que quizás ni se hayan percatado. Para ustedes, los prisioneros de sus propias vidas, les va este libro de manera muy especial. A aquellas personas que ya hayan salido de la prisión de su vida, les recuerdo que en este mundo la libertad es solo de carácter condicional. Aquí los libres vivimos todos en libertad condicional. Cualquier caída nos vuelve a meter en prisión.

G. Descalzi,

ÍNDICE

Primera parte

El príncipe

Capítulo uno

En todo rincón conocido, de uno a otro confín, yo era el Príncipe, como en la obra de Mark Twain, *Príncipe y mendigo*. Era el príncipe de los mendigos.

Recuerdo haber leído en numerosas novelas referencias al "rey de los mendigos", personas en la cúspide de una pirámide mendicante en pueblos y ciudades de la antigüedad.

Yo era el Príncipe. Otros me llamaban "don Guillermo", "G", "papi", etcétera. Son algunos de los nombres por los cuales se me conoció en mi vida menesterosa, nombres que algo querían decir. Al llamarme "Don Guillermo", por ejemplo, los mendigos de Washington —la "capital del mundo", la Roma de hoy—, me daban un respeto que necesitaban darse a sí mismos. Dándome ese respeto se lo daban ellos también.

Yo era el Príncipe, su príncipe. Un auténtico personaje había descendido en mi persona sobre los mendigos de la capital y los había elevado sobre el nivel de la calle. Es que en mi vida me había codeado con los ricos y poderosos del mundo. Que ahora fuera un mendigo más —como ellos— significaba que tenían una puerta abierta al mundo de la riqueza y el poder. Un contraste, riqueza-mendicidad, poder-indigencia, se conjugaba en mí.

Vivía en la calle ahora, pero recordaba otros tiempos, los bellos momentos que antaño disfruté.

* * *

Era 1994 y acababa de desembarcar de un vuelo que había iniciado años atrás. En 1975, presa de un agudo ataque de inseguridad y depresión, en las garras de un descontento tan atroz que permeaba mi vida entera, abandoné mi nativo Perú. Lo hice porque quería alejarme de la amargura de mi ser, una amargura tan vasta que ni siquiera me daba cuenta de su existencia. En el fondo, lo que intenté hacer al salir de Perú fue alejarme de mí mismo, pero no lo entendí en ese momento. No creía que el descontento del que huía estuviera en mí; pensaba que venía de fuera.

Mi descontento y amargura se manifestaban en el bamboleo de mi vida y en el temblar casi constante de mi ser. Era como si yo fuera una rueda mal balanceada, y para corregir ese defecto corría, corría, tratando de encontrar una velocidad en que cesara el bamboleo. Temblaba al rodar y creía que si rodaba sobre otra superficie el movimiento desaparecería. Así fue que corrí hacia Estados Unidos en busca de algo, de una superficie que me permitiese rodar en paz, sin el temblor constante que me acompañó desde muy temprano en la vida.

Había algo básico de lo que era totalmente ignorante: que mi descontento provenía de lo profundo de mí. Pensaba que yo rodaba mal porque el camino estaba mal. Padecía de esa ceguera propia de quien se quedó en su niñez emocional, cuando uno se ve, se cree, se siente centro y eje de la existencia. Flotaba en medio de un mar de descontento tan inmenso que no podía concebir que emanase de mí.

Fue así que creí ver la solución en mi fuga a Estados Unidos. Emprendí una fuga a tal velocidad que me pareció encontrar la estabilidad deseada. La encontré muchísimo después, cuando cayó de mis ojos la venda de mi ceguera y me di cuenta de que la raíz de mi descontento estaba en mí, en el eje mismo de mi vida. ¡Qué difícil me fue llegar a esa primera verdad! Fue casi a pesar de todos mis esfuerzos por ignorarla.

Mientras tanto, buscaba la estabilidad mediante la velocidad. Desarrollé el "modelo bicicleta" de la vida: empecé a vivirla como si el equilibrio dependiera de la velocidad.

* * *

Llegué a San Francisco, California, en abril de 1975, y pronto me monté en lo que resultó una bicicleta de carrera: un estudio de televisión. Me desempeñaría, a toda velocidad, como aprendiz de periodista en un lugar al que llegué por una de esas casualidades inevitables. (Casualidad inevitable: creo en el destino en la medida en que creo en una misión para cada uno de nosotros:

Para cada flor hizo un rayo de luz el sol
Y un día nuevo Dios

Quizá la casualidad sea inevitable. Quizá los seres humanos sencillamente carecemos de la sabiduría, de la profundidad de visión y del conocimiento de causa suficientes para darnos cuenta de la concatenación con que se produce lo aparentemente casual… Pero en fin, en ese tiempo no pensaba sobre el tema de los parámetros de la libertad humana.)

Para mí, KDTV, canal 60, fue una casualidad de la diosa fortuna. Estoy convencido de que era el único lugar donde podía ubicarme, y ahí caí. Jovencito, *pollito,* corriendo con temor a perder el cuello en una caída, llegué así hasta un huequito al que casi nadie quería ir, y me metí de aprendiz en una estación de televisión tan, pero tan baja en la escala profesional local, que prácticamente no hubo quien compitiese conmigo por el empleo. Y tan pronto me monté sobre ese empleo, me puse a pedalear a gran velocidad en busca del equilibrio.

Es así que, pedaleando, pedaleando, me encontré un día de 1978 a bordo de un avión de TACA rumbo a Managua, Nicaragua.

* * *

Los sandinistas, al mando del entonces oscuro guerrillero Edén Pastora, habían tomado el palacio de gobierno de su país y mantenían cautivos en su interior a casi la totalidad de legisladores de Nicaragua. Pastora, con el sobrenombre de "Comandante Cero", y su lugarteniente, Dora María Tellez, "Comandante Uno", exigían a cambio de la liberación de los rehenes que el general Anastasio Somoza liberase a los sandinistas que el estado nicaragüense mantenía prisioneros en la cárcel "modelo" de Tipitapa. Entre ellos estaba el futuro comandante de la revolución y ministro del interior del gobierno sandinista, Tomás Borge.

Cuando los sandinistas tomaron el palacio de gobierno en Managua mi trabajo para KDTV en San Francisco ya me había llevado hasta el nivel de periodista propiamente dicho. KDTV era en ese entonces una estacioncilla más de la naciente Spanish International Network, SIN, la futura Univisión, y era fuente de constantes dolores de cabeza para los directores de la cadena.

Se suponía que no debíamos hacer nada o casi nada, que nos limitáramos a retransmitir el material que nos mandaba la gran cadena Televisa desde México, para la cual éramos prácticamente una retransmisora. Nuestra actividad local debía limitarse a satisfacer los requisitos de servicio público mandados por la ley porque, primero, no había que gastar y, segundo, ni los frágiles egos de SIN ni los de Televisa aguantaban desafío alguno a su propio brillo. Se suponía, pues, que respetásemos a los ídolos, que nuestra creatividad se limitase a un noticiero local de mínimas proporciones y a un programa de interés público, "En la Bahía". Pero éramos iconoclastas e íbamos a toda velocidad a pesar de los mínimos recursos con que producíamos nuestros dos humildes programas.

Pero los genios de México, Nueva York y Los Angeles que nos controlaban no contaron con el "modelo bicicleta" del personal que acababan de contratar. Decir que era inquieto es pecar de moderación… Era huracanado, y en ese huracán fructifiqué.

Mi director de noticias era el señor Enrique Gratas, futuro director del programa "Ocurrió así" de la cadena Telemundo, y quien me acogería por segunda vez cuando, al fin de la batalla, volviese yo de la calle. Aun cuando dirigía el noticiero de una humilde estación en lo más delgado de la banda de frecuencias de UHF, y para remate, en español, Gratas era otro campeón de la vida en bicicleta y trabajaba como si estuviéramos metidos en la vuelta a Francia y no en el oscuro depósito que SIN había alquilado para nosotros en la calle Palou del barrio industrial de la ciudad.

Cuando en 1977 se fue a Los Angeles, heredé su puesto. Como siempre, me quemaban los pies. Me montaba sobre cualquier vehículo, con tal de que tuviese suficiente velocidad, y los sandinistas me proporcionaron uno inmejorable cuando en 1978 iniciaron su "guerra popular prolongada". Mi cobertura de sus guerras fue mi primera gran vuelta en bicicleta. No bien habían tomado palacio abordé, en violación de los edictos de la cadena, un vuelo de itinerario de TACA rumbo a Managua.

San Francisco, siempre fiel a su carácter rebelde y *avant-garde*, promovía su propia rebelión. El poeta nicaragüense Roberto Vargas, "Quique", había dirigido en el transcurso de los últimos años constantes y coloridas manifestaciones en los pasillos del edificio que albergaba el consulado nicaragüense en la calle Market. Todo era de buen humor. Hubo numerosas "tomas" del consulado y la policía de San Francisco, en atención al carácter casi literario de estas acciones, solía dejar en libertad a los responsables después de efectuar arrestos pro forma. Después de todo, el oficialismo de San Francisco rindió siempre pleitesía al dios del liberalismo, y tanto Tacho Somoza como el Shah de Irán eran, por su lejanía, anticristos del liberalismo fáciles de atacar sin que el oficialismo local tuviese que sufrir las consecuencias. Atacarlos no perjudicaba a la derecha reaccionaria oculta tras la fachada liberal de la ciudad, y la ciudad… La ciudad contaba con una numerosa colonia nicaragüense. Eran los años en los que ser antisomocista era casi de rigor. Ni el *sheriff* de San Francisco, Richard Hongisto, ni el jefe de policía, Charles Gaine, ni el alcalde de la ciudad, George Moscone, querían antagonizar ni al electorado hispano ni a la "izquierda liberal" que siempre fue mayoría en esa ciudad desde que se inició como frontera social importando prostitutas de Chile en la época de la fiebre del oro, allá por la década de 1840. Joaquín Murrieta, célebre chileno-sanfranciscano de la época, fue uno de los primeros héroes de ese liberalismo que luego vería desfilar por sus calles la revolución de las flores y del hippismo, la revolución sexual y del poderío gay. En medio de ellas, la actividad sandinista era —¿cómo decirlo? casi inocente.

Empecé cubriendo las múltiples tomas del consulado. *Quique* y sus compañeros se atrincheraban tras las puertas de vidrio y madera del consulado, y a través de ellas nos daban coloridas entrevistas que nos apresurábamos a mostrar a la colonia de aproximadamente 40 mil nicaragüenses que entonces habitaba San Francisco. Y como nadie más lo hacía, la colonia empezó de manera lenta pero segura a sintonizar cada vez en mayor número el noticiero de la "Tele sesenta". No nos preocupaba que nadie compitiera con nosotros en nuestra carrera de bicicletas, que no hubiese otros periodistas cubriendo los mismos sucesos que nosotros. Ni siquiera nos dábamos cuenta. Además, corríamos porque nos ardían los pies.

Para entonces habíamos adquirido una humilde y ahora prehistórica camarita Sony de un sólo tubo. Y con un joven camarógrafo chileno, Julio Moline, y con las bendiciones de nuestro gerente local, Robert Muñoz (otro bicicletero), pero a escondidas de la gerencia de Nueva York, salimos de San Francisco a Nueva Orleans y abordamos el vuelo de itinerario de TACA rumbo a Managua, vía Tegucigalpa.

Delante de mí se sentaron dos mujeres algo extrañas. Eran jóvenes, bastante jóvenes. Una de ellas tenía el cuello muy grueso, y a pesar de sus senos abultados, a donde se le desviaba la vista a uno era hacia un tremendo forúnculo que tenía en el cuello. Perdido estaba yo entre sus inmensidades y su forúnculo cuando se anunció por el altoparlante que, ante la crisis vivida en su país, el general Anastasio Somoza Debayle acababa de cerrar el espacio aéreo nicaragüense. La última parada del vuelo sería, pues, Tegucigalpa. Todos debíamos desembarcar ahí.

Al descender el avión en Toncontín, el aeropuerto de Tegucigalpa, ocurrió algo muy extraño. Por un momento me pareció que habíamos cruzado la barrera del tiempo y que quien descendía era Charles Lindbergh en París tras su primer vuelo transatlántico. Es que el aeropuerto estaba tan lleno que la gente invadía hasta la pista de aterrizaje, y al llegar nosotros la multitud corrió hacia el avión. Lindbergh, me dije yo, Lindbergh… así debió pasarle a él. Era como si la mayoría de la población de Tegucigalpa se hubiese volcado sobre el aeropuerto. Caras curiosas con ojos saltones, sudor de circo humano, gritos de emoción… ¡pero no sabía por qué! Era, para gran sorpresa mía, por la mujer sentada delante de mí, la de los grandes senos y el inmenso forúnculo.

Lo que ese día preocupaba a los catrachos hondureños no era lo que ocurría en la vecina Nicaragua sino ahí, en ese aeropuerto, en ese momento: la llegada de la primera transexual hondureña, Sigfrida —o Sigfrido Shantall, un dentista que volvía al país luego de su operación. Y Honduras respondió con una curiosidad que me trajo de inmediato a la mente una película de Federico Fellini, *Satyricon*, cuando una multitud de la antigua Roma se abalanza sobre un hermafrodita para saciar su curiosidad. La de esa multitud en Tegucigalpa era así, una curiosidad sobrecogedora, cruda, casi animal.

Volví a ver a la Shantall —así la llamaban exactamente *veinte años después*... así, como en el título de la novela de Alejandro Dumas, cuando D'Artagnan se reencuentra con Athos, Porthos y Aramis y contempla los cambios acaecidos en ellos. Veinte años después, el mismo afán de contemplación me llevó a buscar a la doctora Shantall en su pueblo de Catacamas, departamento de Olancho, donde se había afincado desde su regreso.

Fui en busca de Sigfrida con gran curiosidad. A mí me había costado mucho atravesar esos veinte años; ¿cómo habría sido para ella?, ¿habría logrado lo que quería, cambiar su ser? Porque eso es lo que yo había querido hacer: cambiar mi ser; por eso corría, corría —sin saberlo de mí mismo. En mi caso me di cuenta de que correr de mí era un gran error, que era imposible dejarme atrás a mí mismo, que lo único que hacía era crear una ficción, un fantoche en substitución de mi ser real, un monigote desesperado que se alimentaba de cualquier cosa —tabaco, alcohol, drogas, fama, poder, posición, posesiones, etcétera—, en un intento de darse realidad. En mi caso resultó imposible. Al final tuve que dar marcha atrás y, corriendo también, volver hacia mí, para encontrarme.

¿Cómo habría sido con la Shantall? Después de todo, su huida había sido más violenta que la mía. Había alterado su cuerpo con la intención de afirmar un nuevo ser dentro de sí. ¿Lo había logrado?, ¿había conseguido ser real? Porque si el ser que muestras al mundo no es real, nada de lo que ese ser muestre va a contener realidad. Sería imposible. Pero volver a su ser anterior no le sería tan sencillo como a mí… Después de todo, ella había dado un paso irrevocable: había cambiado de sexo. Comprenderán la curiosidad que yo sentía.

Catacamas es la cuna del machismo en Honduras. Los hombres caminan con su machete en la mano o colgado en el cuerpo. Es lo común. A menudo las peleas se resuelven a machetazos. Y hasta ahí había vuelto Sigfrida. Era un punto a su favor. Su casa era la mejor del pueblo. Dentista de profesión, su dinero lo seguía poniendo en lo que lo había puesto desde antes de su operación: en mostrar una buena fachada. Vivía con una empleada, una muchacha delgada con quien mantenía la relación tradicional de señora a sirvienta de las clases adineradas de América Latina. Nos hizo esperar y finalmente bajó las escaleras como gran dama. Era la imagen viva de Vivien Leigh cuando baja las escaleras de Tara para encontrarse con Clark Gable en *Lo que el viento se llevó*… Gran Dama. Su vida se había convertido en un acto cuidadosamente orquestado para consumo público. Pero

¿cómo sería la digestión de su propia vida?, ¿un trago amargo, un trago dulce?, ¿qué sabor tendría?

"Consigo lo que quiero", me dijo, "no le pido nada a nadie." "Nunca le doy un centavo a nadie." "He tenido más hombres de los que puedo recordar." Tenía la cara cubierta de maquillaje, pero no lograba ocultar completamente la barba que luchaba por salir por sus poros. Su último marido se había suicidado. Nos atendió con amabilidad. Nos mostró su casa. Su fachada era ella. Ella era su fachada. Nos despedimos sin que nos mostrara otro interior que el de su fachada… Sospecho que ella misma no llegó a conocer su interior, y si lo hizo, vivió aterrada de él. No había, después de todo, logrado salir del clóset. Dos meses después la mataron, a ella y a su empleada, a cuchilladas, en su casa. El crimen permanece en la oscuridad. Pero ya desde antes de su muerte yo había llegado a la conclusión de que lo que vivía en ella no era la realidad, de que se había perdido, que no podía lograr el reencuentro consigo misma y que lo único que hacía era fingir, fingir que había encontrado su sitial en la vida. Pero eso sería veinte años después. El día de mi primer arribo a Toncontín yo ni sospechaba que la Shantall y yo estuviéramos embarcados en la misma carrera: una en la que la dirección del movimiento era hacia afuera de uno mismo.

Así fue mi llegada a tierras centroamericanas en los albores de las guerras sandinistas, en un ambiente de circo que ocultaba el hedor de la sangre que ya corría a raudales en las montañas. Ahí, en las montañas, reverberaban gritos de:

en la montaña enterraremos

Y venía la contestación:

el corazón del enemigo.

Mi misión imposible en ese momento: llegar a Managua antes del desenlace de la crisis provocada por los sandinistas, antes de que se saliesen con la suya o de que Somoza los hiciese matar. Me faltaba mucho por pedalear antes de lograrlo. Después de todo, se había cerrado el espacio aéreo sobre Nicaragua y quizás el pedaleo se iba a convertir en algo más que simple figura literaria.

Indagación tras indagación, todo fue infructuoso. Ubiqué a un piloto dispuesto a llevarnos, pero sin permiso para volar sobre Nicaragua... nada. La tarea parecía verdaderamente imposible. En eso, el rugido de motores nos anunció la llegada de otro avión, un jet privado que llegaba a Toncontín para recoger a un equipo de la NBC que había llegado con nosotros y que, como nosotros, se había quedado varado en Honduras. Venía, como era de esperarse, con un permiso para volar sobre Nicaragua. Después de todo, era la NBC.

El jet venía vacío a recoger a su equipo varado. Yo, sintiendo que no sería competencia para ellos —¿qué era la "Tele sesenta" para la NBC? rogué al productor que nos llevara en su avión. La respuesta fue "no". "El seguro", nos dijeron, "el seguro." Y pensando: "Esto no le puede pasar a Guillermo Descalzi", me di la media vuelta y me puse a buscar una alternativa. Era cuando en mi inconsciencia —o en mi carencia de conciencia suficiente no veía limites a lo que podía o no hacer, cuando mi inseguridad era tan grande que no podía detenerme sin sufrir una caída aparatosa. Debía seguir siempre, como tiburón: nadar o hundirse. Es parte de lo que me permitió lograr muchos imposibles, pero no era una motivación envidiable. Fue, en todo caso, la que me llevó a buscar otro medio de transporte.

No habiendo alternativa tomé la "opción gringa": menear el dólar en busca de algún chofer que nos llevara, sin papeles y a pesar del cierre de la frontera, hasta Managua. Lo encontré. No recuerdo la cifra, pero debió ser buena porque llegó al extremo de sacar su carro del camino para cruzar la frontera a campo traviesa, por donde no transitaba absolutamente nadie.

En el vuelo de TACA llegó también una mujer que adquiriría renombre como fotógrafa de las guerras sandinistas y que, como yo, se había quedado botada en Tegucigalpa: la reportera gráfica Susan Meiselas. Juntos alquilamos el taxi añoso y desvencijado para ir a cubrir la revolución. Cruzamos así la frontera a través de los surcos de algún campo que se extendía entre los dos países y, con el carro dando tumbos, llegamos al que pronto sería el país de los sandinistas, donde luchaban "contra el yanqui, enemigo de la humanidad" (como decía la letra del himno de los sandinistas en ese tiempo).

Eran días de inocencia en América Central. Los nicaragüenses no sabían lo que se les venía encima. Querían sacarse la camiseta somocista, y por más rivalidades que tuvieran entre ellos, se unieron en torno a ese objetivo. No era el suyo un descontento meramente político. Lo que sentían iba más allá. Era un profundo malestar por el enfoque de su existencia. Es que la vida en Nicaragua continuaba siendo la de un país colonial.

Managua bien pudiese haber sido Saigón antes de la batalla de Dien Bien Phu, cuando los franceses aún regían Indochina.

Blanca burguesía,
Blancas manos que de lodo no sabían,
con amas vestidas de blanco
se paseaban por su club.
El acalorado pueblo sudando desde temprano,
sucios dedos, sucias manos,
menospreciado estaba
por el servicio que prestaba.

Era el mundo al revés, donde trabajar era casi una vergüenza, y no tener que trabajar, motivo de orgullo. Todos se daban cuenta de ese absurdo. Había llegado el momento de la última agonía de la colonia. Ser antisomocista se convirtió así en un acto poético, y en la patria de Rubén Darío la sangre del poeta empezó a correr por las venas de su pueblo.

Era casi imposible no darse cuenta de lo absurdo de una situación al revés, y hasta la misma burguesía blanca contribuyó al cambio porque quería desesperadamente valorar su propio pueblo y su propia vida, quería dejar de despreciar lo suyo.

El desprecio era tan extremo en el general Somoza que llegó a bombardear su pueblo natal durante la insurrección. Era nada menos que matarlo para salvarlo. Pero a eso se llegaría más tarde, en Matagalpa, Monimbo y otros lugares. Mientras tanto, lo que nacía en esos momentos en Nicaragua era muchísimo más que una simple rebelión política. Era una rebelión de su ser nacional, y en eso compartíamos algo los nicaragüenses y yo. Acababa de entrar a un país que, igual que yo, corría para dejar atrás su inestabilidad, buscando el equilibrio en su propia carrera. El país entero estaba iniciando su propia carrera de bicicleta... la vuelta sandinista de Nicaragua.

Nuestra llegada a Managua no pudo ser más oportuna. En nuestro viejo y destartalado taxi fuimos directamente a las afueras del palacio legislativo, cercado por la Guardia Nacional. Del equipo de la NBC no había ni señales. Quizás estaba todavía descansando de su periplo en el Hotel Intercontinental. Nosotros, frente a palacio, nos enteraríamos de que Somoza acababa de capitular. Habría intercambio de prisioneros y permitiría la salida del país a los sandinistas.

Ese fue el error fatal del general Somoza. No es que hubiese tenido otra alternativa que acceder a las demandas de los sandinistas, pero luego de ese momento los sandinistas se cubrieron de gloria y la aprovecharon para atraer la adulación pública. El país entero los abrazó como vehículo de cambio, y tanto el pueblo como la elite nicaragüense estuvieron de acuerdo. Pero el cambio que buscaban los sandinistas no fue, para desgracia del país, el que deseaba aunque sea inconscientemente el resto de Nicaragua. Lo que buscaban los sandinistas era un cambio político. Lo que Nicaragua buscaba era salir de ese anacronismo histórico en que se encontraba, una especie de continuación agónica de la colonia. En realidad los días de Somoza y del somocismo estaban contados. No había alternativa. Somoza aceptó lo ineludible, pero al capitular a los sandinistas capituló a un error.

Hasta en eso se asemejaban nuestras situaciones —la nicaragüense y la mía . Yo también había capitulado en la fuga desesperada que había emprendido de la inestabilidad de mi ser, y también había capitulado a un error. Es que lejos de buscar la estabilidad en la fortaleza, la busqué en la disolución de mi ser. Corrí fuera de él disolviéndolo. Había llegado a Nicaragua no sólo con lápiz y papel sino también con marihuana y alcohol. Había encontrado un escape fácil a mi descontento, disolviéndolo en humo de cannabis y en vapores de alcohol. El sandinismo fue, en ese sentido, la marihuana de Nicaragua. Con él, Nicaragua inició sus propios años de disolución.

Mientras tanto, varios gobiernos se ofrecían como mediadores para la crisis. Preparaban la partida de los cautivos liberados por Somoza y de los guerrilleros que habían tomado el palacio legislativo. Carlos Andrés Pérez, de Venezuela, y Omar Torrijos, de Panamá, aprovecharon el momento para presentarse ante sus pueblos como campeones de la independencia latinoamericana. Para eso enviaron aviones de sus respectivas fuerzas aéreas a recoger a los sandinistas a Managua. Con eso parecían decir a sus propias izquierdas nacionales: "¿Ven? Somos auténticos: nosotros también estamos en contra de la colonia". Con eso validaban sus propias poses de campeones tercermundistas, nacionalistas y demócratas.

Por eso los sandinistas vencieron a Somoza: porque su propio pueblo vio en ellos el vehículo para el cambio que ansiaba, porque otros gobiernos latinoamericanos decidieron que al apoyarlos quedarían bien frente a sus propias izquierdas; y porque Somoza lo permitió cediendo en ese primer encuentro sobre los rehenes. Todos tomaron posturas equivocadas, menos los sandinistas.

Estados Unidos también asumió una postura equivocada, asintiendo a la llegada inmediata a Nicaragua de un avión de pasajeros de la Pan Am, cuyo único propósito era decir a las izquierdas y derechas del continente que ya todo había vuelto a la normalidad.

En fin, no bien acababan de concertarse esos vuelos, los de Venezuela, Panamá y Estados Unidos, que salieron hacia el ae-ropuerto varios autobuses cargados de sandinistas y rehenes. La Guardia Nacional, todavía inocente de la sangrienta guerra que sobrevendría, nos trató ese día con la deferencia con que nuestros pueblos siempre han tratado al extranjero. Nos abrió el paso. Trepamos a nuestro destartalado taxi con placas hondureñas y nos colocamos tras los autobuses. Militares nicaragüenses nos escoltaron a lo largo del camino. De la NBC todavía ni asomo. Julio, mi camarógrafo, Susan, la fotógrafa, y yo, estábamos en el nirvana de los periodistas: cubriendo un acontecimiento histórico prácticamente sin competencia.

Los aviones enviados por Pérez y Torrijos, garantes del acuerdo que "solucionaba" la crisis, esperaban en el aeropuer-to. Los sandinistas abordarían ahí el Buffalo de la fuerza aérea venezolana enviado por Carlos Andrés para dirigirse al Panamá de Omar. Tanto Pérez como Torrijos se disputaban con eso el ser los abanderados de una alternativa continental a la izquierda antiyanqui de Fidel Castro en Cuba, como si el sandinismo detrás del cual se apresuraban a pararse medio afirmándolo y medio apoyándose en él , como si aquella izquierda que luchaba contra el yanqui "enemigo de la humanidad", fuese diferente a la de Fidel. Porque eso querían creer Carlos Andrés y Omar. No hay peor ciego que el que no quiere ver. A Carlos Andrés no se le caería la careta sino hasta muchísimos años después. Omar Torrijos al menos no pretendía, como Carlos Andrés, ser un demócrata más. Quizás por eso la careta le caía más natural. En todo caso, ya la tenía bastante deteriorada por los estragos de la coca.

Cuando el Buffalo venezolano llego a Panamá, donde Torrijos había dado asilo a los sandinistas, éstos se dirigieron al cuartel de Mosaquites, en las afueras de la ciudad. Nosotros filmamos todo el proceso. La subida en pose de superhombre de Edén Pastora al avión venezolano, Kalashnikov en mano, y su vuelta con los brazos en alto y boina sobre la cabeza para despedirse de los testigos de ese singular episodio. Ahí estaba, recién liberado, Tomás Borge, el rumiante intelectual de la revolución, masticando ya en su cabeza los siguientes pasos a tomar: las insurrecciones en Monimbo y Matagalpa. Dora María Téllez, la comandanta, estaba ahí despidiendo esa aura misteriosa que sólo una mujer guerrillera puede emanar, mezcla de sexualidad femenina y masculinidad de fusil. Y estábamos nosotros con nuestro destartalado taxi para seguirlos hasta Panamá, otro imposible que debíamos realizar. Pero llegó a nuestro auxilio la Pan Am.

La inocencia que hizo posible el espectáculo de la llegada a Tegucigalpa de la primera transexual hondureña permitió también el espectáculo que llegó a salvarnos. En el cielo azul de Managua, mientras el equipo de la NBC se preocupaba por preparar su avión privado para ir a Panamá, mientras los sandinistas subían a sus aviones, mientras nosotros nos preocupábamos por ver cómo nos metíamos en ellos, apareció como de milagro el avión de itinerario de la Pan American, y es que Somoza acababa de reabrir sus fronteras queriendo mostrar un ambiente de normalidad en su país. Qué mejor que la reaparición de turistas en su aeropuerto.

Edén... ¡qué nombre más idílico para un guerrillero, ex pescador de tiburones y secuestrador de legisladores! Mientras Edén Pastora subía rifle en mano a su avión, con granadas de fragmentación colgando de sus correas, al otro lado de la pista el medio centenar de turistas recién llegados en el avión de Pan Am observaba con curiosidad los acontecimientos. La mayoría ignoraba quiénes eran los sandinistas. Y cuando al fin el avión venezolano partió hacia Panamá, con el de la Pan Am siguiéndolo, a bordo de este último íbamos mi camarógrafo Julio Moline y yo.

Descendimos en Tocumen, el aeropuerto de ciudad de Panamá, y nos dirigimos directamente al cuartel de Mosaquites. Un comandante sandinista, Marvin, nos había dicho en Managua que si llegábamos a Mosaquites nos esperarían ahí para una entrevista exclusiva con el Comandante Cero, Pastora.

Llegamos al cuartel y nos encontramos con el equipo de la NBC. Finalmente habían llegado al lugar de los acontecimientos, y esta vez intentaron cerrarnos el paso aduciendo que se trataba de una entrevista exclusiva para ellos. Pensó que sería fácil. En el competitivo mundo de la televisión, las exclusivas de ese tipo valen oro. Nosotros pertenecíamos a una cadena totalmente desconocida entonces, que para colmo llevaba el nombre de "pecado" en inglés, SIN, e indudablemente tomaron nuestra presencia como un pecado. Amenazaron a los sandinistas con no darles cobertura si no tenían la exclusividad, y los sandinistas nos dieron la espalda. Revolucionarios o no, ellos también sabían cuándo agachar la cabeza a los dioses de la prensa estadounidense. Bien asesorados, accedieron a dar la exclusiva a nuestro competidor.

Haciendo entonces como que había perdido la calma, dije en un tono de voz deliberadamente muy elevado: "¿Quiénes se han creído estos gringos? Venir aquí a Latinoamérica a botarnos de nuestra propia casa, a impedir con sus exclusivas que entrevistemos a nuestra propia gente..."

Dio resultado. Los sandinistas, escuchando esto, decidieron "revolucionariamente" concedernos la entrevista a nosotros también. Fue la primera vez en mi vida que transmití algo por satélite. Luego se volvería cosa de todos los días. En la central de transmisiones, uno de los funcionarios nos indicó dónde interceptaban las conversaciones telefónicas del país. Estábamos, después de todo, en el gobierno "revolucionario" de Omar Torrijos.

Otro aspirante al título panamericano de líder de la izquierda civilizada fue en esa época Rodrigo Carazo Odio. Tenía uno de esos apellidos curiosos... Odio, como el de Pedro Beltrán Espantoso, antiguo primer ministro de Perú. Carazo Odio, con más que un poco de eso hacia el régimen de Somoza, dio a los sandinistas el uso de su territorio. La base del frente sur de los sandinistas estaba en el norte de Costa Rica. Marvin era uno de los comandantes del frente sur, y en el cuartel de Mosaquites nos invitó a visitarlo en su base en la ladera del volcán Tenorio. Quedaba cerca a La Cruz, un pueblo cerca de la frontera. Nos indicó que fuésemos a San José de Costa Rica, que nos alojásemos en el hotel Royal Dutch y que una vez ahí llamásemos a determinado numero telefónico.

De regreso en San Francisco nuestro gerente de estación, Robert Muñoz, decidió respaldar la aventura y me envío a Costa Rica. Esta vez fui con un joven camarógrafo de origen puertorriqueño, Bill Nieves. En el hotel Royal Dutch, luego de efectuada la llamada telefónica, los sandinistas nos indicaron que esperásemos cerca del bar, que ahí se pondrían en contacto con nosotros. Fue más de una semana de espera. En ese tiempo ocurrieron dos cosas curiosas.

Aparte de beber como pescados aprovechamos para entrevistar a Rodrigo Carazo, el presidente. Carazo, luego de la entrevista, nos facilitó el uso de un automóvil de la presidencia y de su chofer, don Quincho, para que nos llevase hasta la base sandinista en el norte. Carazo sabía, *sabía* que su territorio estaba siendo utilizado como base de agresión al gobierno de Anastasio Somoza y no tuvo reparo en que lo diésemos a conocer. Es que ser antisomocista era casi de rigor en su país. Ahí por la ladera del volcán encontraríamos a más de un hijo de la alta sociedad de Costa Rica peleando para el frente sur de los sandinistas. Era como pertenecer a la brigada internacional en la guerra civil española. Habían también prominentes miembros de las izquierdas de América Latina, como el doctor Hugo Spada Fora, célebre panameño cuyo asesinato tiempo después enlodaría las aguas de la izquierda de su país.

Mientras tanto, un reverendo de nuestra ciudad, San Francisco, fue el actor protagónico de una noticia que de momento conmocionó al mundo entero y monopolizó los noticieros por algunos días. Jim Jones, así se llamaba el reverendo, acababa de suicidarse junto con toda su feligresía. Más de 800 personas. Se habían suicidado bebiendo un refresco mezclado con cianuro, un "Kool Aid eléctrico". Fue en Guyana, en la otrora Guayana Británica, en el rancho que tenía la iglesia del reverendo Jones, el Templo del Pueblo. Se llamaba Jonestown.

Billy Nieves y yo conocimos personalmente al reverendo y a una buena parte de los suicidas. Todos eran del área de la bahía de San Francisco, donde estaba basado el templo.

En 1977, con ocasión del 40 aniversario de la inauguración del Golden Gate, un grupo de iglesias hizo una marcha contra el suicidio en el lado sanfranciscano del puente. Más de 500 personas se habían ya suicidado lanzándose a las aguas desde ese puente y las iglesias querían acción. Que irónico que fuese esa la primera vez que vi a Jones, exigiendo la construcción de una rejilla que impidiese a los suicidas el lanzarse desde el puente. Fue una época en que sobre San Francisco parecieron cernirse nubes de borrasca. Hay un dicho que viene a mente: *cuando llueve, llueve a cántaros*. A San Francisco le cayó y le volvió a caer, como en ese año de cumbres borrascosas en Estados Unidos, 1968, cuando el país entero pareció volverse loco. Se repetían cosas absolutamente increíbles: la Guardia Nacional disparaba contra estudiantes; se asesinaba a los líderes, a las luces más brillantes del país; en pocas semanas mataron a Bobby Kennedy y a Martin Luther King.

En fin, 1978 fue un año de cumbre en San Francisco y casi nadie se dio cuenta. El sida ya se había desatado y absolutamente nadie lo sabía. Jones estaba a punto de suicidarse, y dos de los hombres que él promovió serían asesinados muy pronto: el alcalde de la ciudad y uno de los supervisores de la misma. ¿Será que los seres humanos necesitamos del dolor para darnos cuenta de las cosas, para cambiar? Yo tengo una respuesta muy personal a esa pregunta: sí, lo necesitamos.

Lo duro, lo difícil, lo doloroso, son todos regalos de Dios. Dios en su infinita compasión nos da lo fácil, lo placentero, lo gozoso, para que tengamos un descanso en nuestro tránsito por la vida. Pero nos da lo duro, lo difícil y lo doloroso para que podamos crecer y superar nuestras propias limitaciones. De otra manera no lo haríamos. Ese es el verdadero regalo de Dios al hombre: la dificultad, porque mediante ella crecemos. Así es para mí. Cuando la he tenido fácil he acabado mal.

Jim Jones era un *facilitador* en San Francisco. Su secreto estribaba en el control que ejercía sobre varios cientos de los más pobres de la ciudad que dependían de él para todo. Los pobres fueron su instrumento. Los movilizaba en autobús a cualquier lugar para crear múltiples e instantáneas manifestaciones en apoyo de una causa. Se convirtió así en el patrocinador de más de un candidato político, el alcalde Moscone entre ellos. Esos mismos políticos le garantizaban a cambio la asistencia social federal de Estados Unidos para "sus" pobres, y con esa asistencia Jones se aseguraba el control de sus seguidores. Era un círculo vicioso, la serpiente comiéndose su cola... y eventualmente los devoró a todos. *"Have gun, will travel",* tengo una multitud, la traslado a cualquier lugar: ese era el secreto de Jones. Fue así que llevó a los futuros suicidas de Jonestown hasta el puente del Golden Gate en ese día de la marcha contra el suicidio. Recuerdo haber estado ahí con mi camarógrafo. Varios de los pastores, rabinos y sacerdotes se refirieron al puente como un monumento a la belleza fría e inhumana de nuestra sociedad mecánica, como un monumento a la muerte contra el cual exigían acción. Todo esto lo grabamos Billy Nieves y yo en nuestra modesta cámara Sony de un sólo tubo... hasta que llegó el turno de hablar a Jim Jones.

Ese día dio un discurso tan desconectado, tan patéticamente emocional y con tan poca coherencia que a mí, mirándolo y escuchándolo hablar, me dio vergüenza ajena. Habló de cómo la noche anterior había soñado con el suicidio, de cómo lo había conmovido, y yo, sintiendo esa vergüenza ajena, me di la vuelta y dije a mi camarógrafo que no lo grabase. Cuando volvimos a KDTV me encargué de borrar lo que ya se había grabado. Al escuchar la noticia del suicidio de Jonestown, deseé haber grabado la totalidad del discurso o haber guardado aunque sea un poquito de ese discurso del reverendo Jim Jones.

Al octavo día de espera en el bar del Royal Dutch, una misteriosa llamada nos dice que vayamos a La Cruz, en la frontera con Nicaragua, y que esperemos en el bar junto a la gasolinera.

Partimos de San José en el carro proporcionado por el presidente Carazo, con Quincho por chofer, en busca de los sandinistas. La de ellos no fue una guerra solitaria. Ser sandinista en Centroamérica era como ser *hippie* en el San Francisco de los sesenta. Fumar de la hierba sandinista era *in*. Contaban con amplio apoyo. Gobernaba Jimmy Carter en Estados Unidos y esa inocencia *hippie* de la generación flor pareció infectarlo también. Carter no establecía las diferencias que sus sucesores, Reagan y Bush, harían entre dictadores de izquierda y de derecha. Para Carter, un dictador era un dictador, y Somoza era uno de ellos. Los gobiernos que se oponían a Somoza se oponían a una dictadura, y eso estaba bien para él. Así pues, cuando Venezuela, Panamá, y ahora Costa Rica se pusieron a apoyar la insurrección contra Somoza, Estados Unidos no hizo nada. Cuando el ayatollah tomó Irán, Carter quedó pasmado. Es que, después de todo, el shah era otro dictador y Khomeini era… ¡un clérigo!

Salimos de San José rumbo a la frontera con Nicaragua. Después de un día llegamos a La Cruz, poco más que un cruce de caminos con un par de cuadras de casas muy pobres, y localizamos el bar en la única gasolinera del pueblo. Ahí nos buscarían los sandinistas, que entraban y salían entre Nicaragua y Costa Rica como Pedro por su casa. Habían prometido llevarnos a su base de operaciones en la ladera norte del volcán Tenorio.

Nos hicieron esperar. Pasaron los días y ni asomo de ellos. Habían estado vigilándonos hasta asegurarse de que no manteníamos contacto con sus enemigos, que éramos Kosher… Sentados en el bar, Billy y yo vaciamos innumerables botellas de cerveza Gallo. El "bar" era también el único salón social de la localidad. Por ahí pasaba tarde o temprano todo el mundo. Y Bill y yo nos convertimos en objeto de curiosidad. El pueblo entero desfiló por ahí para vernos. Una noche de viernes, seis días después de haber llegado, se dio *la* fiesta del pueblo y se festejó en ese lugar. Como es costumbre en muchos pueblos pequeños, la actividad principal de la fiesta era beber. Billy y yo nos sumamos a ella con entusiasmo. Una de las bellezas del pueblo me invitó esa noche a su casa y, un poco mareado ya, nos dirigimos a ella. No estaba mirando muy bien. Mi cabeza me daba vueltas de tanto aguardiente Flor de Caña, y en esa noche sin luna las calles me parecieron extrañas, con techos "demasiado bajos", pensé. Su casa resultó ser extrachica, como si fuera de un duende o una casita de Liliput... y ahí entramos a pasar la noche. Mi cabeza se iba, me venía… no recuerdo mucho, pero sí que esa noche le conté a la mujer bastante de Billy y de mí. Así, me quedé dormido, y cuál fue mi sorpresa cuando al despertar me vi en una cripta en el cementerio local. Por eso las "calles de techos bajos" que había visto en la noche… En todo caso, cuando regresé al bar esa misma mañana me estaba esperando un comando sandinista. Había pasado, sin saberlo, algún tipo de examen.

Los sandinistas andaban en un vehículo de doble tracción. Nos vendaron los ojos y nos tendieron en el suelo. Poco después llegamos al campamento base del frente sur, al mando de Edén Pastora. Marvin nos recibió. También estaba ahí un hijo de Pepe Figueres, ex presidente de Costa Rica. Los ticos que se habían sumado a la revolución venían casi todos de lo más alto de la sociedad de su país. Venancia, nombre de guerra de una jovencita de unos 20 años, me impresionó por sus ojos de venado y lo ingenuo de su mirar. Era delgadita, trigueña, bella. Su nombre le caía como anillo al dedo. Carne de cañón.

Ahí estaba también Roberto Vargas, "Quique", el poeta guerrillero de San Francisco que orquestó las innumerables tomas del consulado nicaragüense en la ciudad. En esta ocasión se dedicaba a menesteres menos folklóricos. Empuñaba un AK 47.

Mi entrevista con los comandantes me convenció de que el destino de la guerra contra Somoza estaba decidido. Repetidamente escuché el nombre de una ciudad nicaragüense, Matagalpa, y hacia allá me dirigí después.

De regreso en San José, Costa Rica, me encontré con la sorpresa de los asesinatos del alcalde George Moscone y de un concejal homosexual llamado Harvey Milk, Harvey "Leche", otro nombre adecuado, me pareció, como el de Venancia. Era un hombre que había destapado su condición gay y se había postulado sobre esa base al cargo en la meca del homosexualismo estadounidense. Dan White, Dan "Blanco" —qué ironía—, ex bombero racista que odiaba a los homosexuales y acababa de renunciar al cuerpo de supervisores, mató a los dos. Atravesaba por un cuadro psicótico agudo y le pasó lo que a muchos: se cayó de la bicicleta. Porque ése es uno de los peligros de la vida en bicicleta: uno se cae y el daño a veces es mayor. White era otro bicicletero y buscaba su estabilidad en la velocidad: pequeño empresario, esposo, bombero, supervisor, renunció a este último puesto porque se le empezaron a caer las pelotas en su acto de malabarismo, y luego, viendo que sencillamente no podía parar, pidió al alcalde que se lo devolviera. Cuando Moscone se negó, White lo mató. Y mató también a Milk. Era una afrenta personal para el señor Blanco que el señor Leche, homosexual, ocupase su antiguo puesto.

A mi regreso a San Francisco, Dan White ya había sido capturado y su juicio, de acuerdo a la tradición judicial estadounidense, procedía a ritmo acelerado. Su defensor, Douglas Schmidt, mediante un uso magistral de la retórica, logró convencer al jurado de que White había sufrido de un "grave desequilibrio temporal", por lo que fue exonerado de los principales cargos en su contra. Ah, pero el abogado fue inteligente. Atribuyó ese "desequilibrio temporal" no al ego de White sino a un factor externo: los Twinkies que comía, cuya gran cantidad de azúcar y poco valor nutritivo supuestamente habían ocasionado un desequilibrio químico en su cuerpo.

El responsable real de esa demencia, el ego de White, no escapó al castigo. Fue una lección, una tremenda lección. Si no matas al ego, él te mata a ti, y en el caso de Dan White el ego lo llevó a la muerte física... el ego en su papel de Sansón. Yo, que le daba respiración boca a boca a mi ego con bocanadas de marihuana y vapores de alcohol, quedé aterrado por lo que pasó luego.

La defensa en el caso White obtuvo una victoria pírrica. Ganó la batalla pero perdió la guerra. El jurado perdonó a White pero éste no se perdonó a sí mismo. Después de cumplir una ligerísima sentencia por uso de un arma e ingreso indebido a la alcaldía a través de una ventana, White se suicidó en su garaje.

El ego es el peor castigo de uno porque es vanidoso.

Palabras del Eclesiastés: "Vanidad de vanidades, no hay nada nuevo bajo el sol, todo es vanidad".

Podemos ser declarados inocentes, pero si nos sabemos culpables y no logramos someter nuestra vanidad, ésta no nos permitirá perdonarnos. Si no sometemos nuestra vanidad, jamás escaparemos de nuestra persona. No importa cuánto pedaleemos en nuestra vida en bicicleta, nunca estableceremos suficiente distancia de nosotros mismos para salvarnos. Así le pasó a White. Salió de la cárcel y se mató porque no pudo vivir con la imagen que tenía de sí mismo. Para librarnos de nosotros mismos hay que matar a esa "persona" vanidosa que se entroniza en nuestro interior. Porque no es posible correr de uno mismo; lo que hay que hacer es dejar todo el aparato sobre el cual nos montamos para nuestro tránsito por la vida, dejarlo y volver a la simplicidad. Ése es el renacer de la literatura religiosa, y es uno de los significados de la historia de David y Goliat.

Dentro de cada uno de nosotros hay un David pequeño, simple, armado sólo con lo que Dios le dio. Todos nacemos con un Goliat que se arma hasta los dientes para defender su primacía dentro de uno y fuera también, en el mundo. Se arma de cultura, saber, drogas, placer… Se arma con todo lo que encuentra a su paso y poco a poco se convierte en el gigante que aplasta a David. El truco está en matar al gigante, en abandonar sus atributos, en volver a la simplicidad. El truco está en no defenderse con las armas del mundo porque el arma que necesitamos para nuestra defensa es la que le dio Dios a David: la verdad utilizada con amor. David es la representación de esa verdad y de ese amor dentro de cada uno de nosotros. Goliat, armado de la mentira, nace junto a David en cada uno nosotros. Goliat muere cuando renacemos. Renacemos cuando matamos al gigante. A veces Goliat toma la forma de otro hombre fuerte, Sansón, quien, como Dan White, se suicidó. Se mató porque no aguantó verse disminuido. Lo mató su vanidad.

Pero ese día en San Francisco yo no entendía la lección y el suicidio de Dan White me llevó de inmediato a otra nube de humo y vapor… La nada, la nada era mejor que mi persona.

* * *

Años después, viviendo en las calles de Washington, recordaría el caso White.

En 1995 había descendido a lo más bajo de la escala social. Había abandonado todo pero lo había hecho equivocadamente. Fue, como me diría una vez el senador Christopher Dodd de Connecticut, "un equívoco malo". Había corrido a esconderme en una nube de alcohol y marihuana, con algunos copos de cocaína regados por aquí y por allá. Era un drogadicto, un alcohólico, un mendigo en las calles de Washington que nada quería saber del mundo oficial.

Mi vuelta ciclista por la vida me había alejado muchísimo de mi ser original, del David dentro de mí, y para el Goliat que controlaba la bicicleta era cada vez más difícil mantener el equilibrio. Y es que no se debe correr de uno mismo. La carrera debe de ser hacia dentro. No perderse sino encontrarse, encontrarse con el ser simple y sencillo que vivió en nosotros desde el principio, antes de que el deseo encumbrase a la vanidad y nos aplastara. El deseo de llenarse, inflarse, crecer, brillar con luz propia, hace que empecemos a quemar todo a nuestro paso.

Es el pecado de Lucifer, querer brillar con luz propia. Goliat y Sansón queman todo a su paso.

Mi retiro del mundo fue una rebelión medio voluntaria, medio obligada. No me había bajado de la bicicleta, me había caído. Creía que me rebelaba contra el discreto encanto de la burguesía, pero me rebelaba en realidad contra el discreto desencanto de mí mismo, tan discreto que no me daba ni cuenta de él. Para mí, el culpable era el mundo. Había decidido no tener más que ver con él porque no me había rendido pleitesía, porque me sentía incómodo en él, porque mi vanidad era tal que no podía aceptar la pequeñez de mi persona. Para no mostrar mi pequeñez me convertiría en recluso. Para que el mundo no viese al pequeño David, mi Goliat se iría a vivir a una cueva, y para alimentar a Goliat, más humo, más vapor y más *nieve*. Sí, me convertiría en recluso. Es más, sería un ermitaño, y como la ermita de hoy está en la calle, ahí me fui. Me había disgustado totalmente con el mundo en que vivía. Me había disgustado totalmente con el papel que jugaba dentro de él. Increíble, ¿no? Pero así fue: una ceguera total. Quise traer las paredes del templo sobre mí. Es uno de los significados de la historia de Sansón: al verse empequeñecido, su vanidad terminó con él y con los Filisteos.

Pero yo no. Yo todavía no estaba listo ni para matar a Sansón ni para buscar a David dentro de mí. Yo todavía tenía bicicleta para rato y a la calle me fui, ya cayéndome, perdiendo el equilibrio, viéndome obligado a parar sólo porque me estaba estrellando. Pero aun así no me quería desmontar: me caí, como san Pablo, que también se cayó, sólo que en su tiempo no habían bicicletas. Él corría a caballo.

Mi carrera era en circo de tres pistas: una pública donde mi bicicleta era la profesión de periodista. Otra, privada, donde mi bicicleta eran las drogas y el alcohol, y otra, familiar, donde desgraciadamente hice mucho daño. Pero no todo está perdido ahí. Uno puede cambiar el curso de su pasado. Sí, es posible. No se puede cambiar el pasado, pero sí su curso, su significado. Ya veremos.

En las tres pistas pedaleaba a toda carrera, como solemos hacer en esta sociedad nuestra. Correr en la pista profesional al menos es aceptado, pero no es necesariamente bueno para uno. Ahí la velocidad es públicamente aplaudida como ruta al equilibrio.

Mientras tanto, en la calle, ese año 1995, Sansón alzaría la cabeza en la figura de otro hombre al que llamaremos Pacheco. En la calle de Washington que fue el centro de mi actividad de indigente, la Columbia Road, Pacheco ocupaba una posición entre mendigo y trabajador ambulante: era empleado ocasional de los vendedores ambulantes. Muchas mañanas les armaba sus puestos de venta y se los desarmaba por la noche. Todo lo que ganaba se iba en una sola cosa: *crack*. Estaba enamorado de una prostituta negra, Linda, quien desaparecía de cuando en cuando para dedicarse a orgías. En esas ocasiones Pacheco, normalmente ecuánime, perdía totalmente la compostura.

En una de esas desapariciones de Linda, Pacheco desapareció también. Poco después, Linda fue encontrada muerta a cuchilladas. Azares de su profesión de prostituta, pensé. Semanas después, Pacheco reapareció en la calle, una sombra de lo que había sido. Vagaba sonámbulo por la calle. Había corrido tanto de sí mismo que se salió de la realidad. Y es que, al igual que Dan White, se había castigado. Él, y nadie más, había sido el autor de la muerte de Linda y, sabiéndose culpable, no podía perdonarse. Es más, al igual que White, no podía acercarse al único que realmente redime, no podía acercarse a Dios, porque no lograba bajarse del altar en que su monstruo interior lo había instalado.

La exoneración de Dan White ocasionó una revuelta homosexual en San Francisco. Decenas de miles se lanzaron en protesta a las calles, quemando autobuses y carros, apedreando a la policía y tratando de tomar la alcaldía de la ciudad. Iván Dávila, reportero y mi camarógrafo de entonces, fue golpeado por una turba gay frente al municipio. Le desgarraron la ropa, lo insultaron y lo patearon.

Tras estos sucesos, el *sheriff* de San Francisco llamó a una conferencia de prensa. Al igual que Iván Dávila, yo cubría varias funciones. Era director de noticias, escritor, presentador en cámara, reportero y, sí, también camarógrafo, según la necesidad. Con ocasión de la conferencia de prensa hice de camarógrafo, y como no tenía mucha práctica me quedé al último después de la conferencia desarmando mi equipo. Al final, cuando quedé solo, se me acercó el *sheriff*, Richard Honguisto: "Oye, ¿tienes coca?" Pensé que se trataba de una trampa. No sé hasta la fecha si me lo dijo en serio o en broma, pero en los próximos años mi vida transcurriría así, en circo de tres pistas y a veces las pistas se cruzarían invadiendo una el terreno de la otra, hasta que me fue imposible mantenerlas separadas y conservar el equilibrio. Empecé a abandonarlas una a una, primero la familiar, luego la profesional, mientras corría en la última que me quedaba, la de adicto. Pero eso llegaría más adelante, en 1994, cuando llegué a vivir a la calle.

* * *

Mi llegada a San Francisco fue en 1975, a los 27 años de edad, producto de una profunda insatisfacción conmigo mismo. Mi vida se derrumbaba en Lima, donde trabajé como maestro. Corrí a gran velocidad para mantener el equilibrio, y por esa carrera es que acabé en California.

Nací en la ribera del Rimac, el río hablador, llamado así por el ruido de las piedras que arrastra desde la altura de los Andes, donde se origina. Lima fue el señorío del Taulichusco, último cacique de Rimac. Los conquistadores entendieron "Limac" y el nombre quedó como Lima. Torcerían de igual manera otros legados de los incas. Torcerían de manera muy peculiar su cultura, matando su espíritu, dejándola zombie —como cadáver viviente— hasta nuestros días. Es uno de los aspectos más trágicos del Perú actual: la condición de muerte en vida de la cultura de los herederos de Atahualpa. Esa herencia de la conquista fue uno de los aspectos principales que marcaron mi niñez y que marcan todavía la vida de todos los peruanos.

La cultura es la llama de la vida en el espíritu de un pueblo. Sin su cultura, el espíritu de ese pueblo muere: se transforma en otro pueblo, si logra adquirir otra cultura. De lo contrario se queda sin espíritu. Los conquistadores mataron la cultura quechua de los incas, quienes han sobrevivido sin ella durante siglos. El país donde nací, Perú, y más específicamente la ciudad donde nací, Lima, mantienen intacta esa herencia de muerte de la conquista. Han llegado y pasado generaciones y en todas, una tras otra, se ha mantenido cuidadosamente esa situación. Quizá por eso en mi parecer —quizás sea culpa de mi nariz— Perú en general y Lima en especial tengan cierto olor a podredumbre social. Cada vez que la cultura indígena ha alzado la cabeza se le ha vuelto a aplastar. No se les da respiro al indio y al mestizo, mayoría en Perú para la cual nuestra herencia de hijos de la conquista no permite aún un poco de caridad. No los dejamos alzar la cabeza y les echamos la culpa de su propia condición.

En 1947, cuando nací, Lima era todavía una pequeña ciudad de ambiente colonial con apenas 300 mil habitantes. Era una ciudad donde el blanco era rey. Algo muy similar, por no decir igual, ocurre en la América Latina de hoy. Vivimos como hidalgos. La hidalguía es un concepto muy español; significa ser "hijo de algo" y supone atributos y obligaciones que perpetúan la realidad de la conquista en el Perú de hoy.

El "hijo de algo", para empezar, no tiene por qué trabajar: es hijo de algo. Quizás por eso en Lima se haya creado una clase social tan débil como la aristocracia blanca que casi nada sabe de trabajo manual. Para eso están los "indios" y los "cholos". Ese es el motivo del profundo desprecio de la aristocracia latinoamericana al trabajo manual, y está en la base de los males que hoy aquejan a nuestra sociedad. El hidalgo no sólo no *tiene* que hacer trabajo físico, tampoco *debe* de hacerlo. Para eso están los demás. Esa actitud dio nacimiento a las múltiples revoluciones izquierdistas de América Latina, totalmente equivocadas porque la calidad de la persona no la mejora ninguna revolución. Pero en eso se basaron las izquierdas continentales. El izquierdismo latinoamericano se alzó contra ese fenómeno muy de la conquista: la hidalguía. Fue una rebelión contra la servidumbre de un pueblo cuya cultura había sido aniquilada por el hidalgo en el nombre de Dios. Y así continúa siendo hasta hoy.

Yo fui un niño deprimido. Creo que en gran medida me deprimió la situación de mi alrededor, la hidalguía y la indiada. Sus situaciones tuvieron mucho que ver con que desde chico empezara a correr tratando de alejarme, de irme lejos de donde estaba. Porque me pasó algo muy curioso: empecé a rechazar lo mío, mi herencia, lo que debía querer… Aprendí a odiar lo amado y amar lo odiado.

Es algo muy latinoamericano. Padecemos de una cierta esquizofrenia social que se enraíza en la conquista y, a través de la hidalguía, sigue hasta nuestros días. Porque sí: es muy latinoamericano odiar lo propio y amar nuestro ancestro europeo. Lo malo es que esa cultura europea también murió en nosotros: está tan muerta como la cultura indígena que vino a aplastar.

La herencia hidalga se suicidó al dedicarse a vivir del trabajo de otros. Murió por desuso, por atrofio y por contagio. Sí, por contagio: ese baile macabro entre conquistadores y conquistados acabó en contagio. La muerte que impusimos a la cultura conquistada contagió nuestra herencia europea, y nuestra sociedad se estancó en sus dos niveles, superior e inferior... Fue la verdadera muerte de Sansón y los filisteos. Ahora hay que encontrar al David de nuestros pueblos.

El conquistador se colocó en un altar y se hizo servir. En la mayoría de los países de América Latina, y para la mayoría de sus descendientes, la situación no ha cambiado de manera significativa. Y es que para cambiar esa situación debe resanar *su ser,* bajarlo del altar de ídolo en que se colocó. No hay vida en el altar de los ídolos. No es mediante revoluciones a la sandinista que se restaura la vida sino mediante un cambio al interior de todos y cada uno de nosotros. Porque sí, hay que devolverle la vida a todos los hijos de la conquista, los de arriba y los de abajo. A los hijos del indio y a los del conquistador. Nuestros pueblos tienen que encontrar su David.

En fin, cuando abandoné Lima para dirigirme a San Francisco en 1975, ésa era una realidad que yo no entendía de esa manera. Era sencillamente que me sentía asfixiado y no sabía por qué. Tampoco es que estuviese asfixiado por culpa de la realidad. Es sencillamente que yo no me había adaptado a ella. La mayoría, la gran mayoría, sí se adapta. Logra de alguna manera crecer y hasta florecer en esas increíbles condiciones. No será un crecimiento muy lozano, pero es. Y es conmovedor porque es heroico. Nadamos contra la corriente de nuestra herencia. Algún día cambiaremos. Será uno por uno. El único cambio real es individual, progresivo, al interior de cada uno... Sólo entonces cambia la sociedad.

Las raíces de nuestras revoluciones de izquierda no están en las luchas de los Marx y Engels locales contra la burguesía y el capital. Están en la desesperada búsqueda de la igualdad por parte de los hijos de la conquista. De *todos* los hijos de la conquista. Los hijos del conquistado se sienten inferiores porque son tratados como tales. Los hijos del conquistador se sienten inferiores porque su herencia se ha atrofiado. Y ambos, enfermos, buscan igualdad. Eso es lo más terrible: ambos padecen de lo mismo, de un ser debilitado repetida y constantemente desde la conquista. El hidalgo latinoamericano es víctima de su propio y muy profundo complejo de inferioridad. Su padecimiento es más agudo aún que el del dominado porque sufre de esquizo-frenia social. Se siente superior a la población conquistada pero atrás, muy atrás, de los conquistadores de quienes desciende y que ahora viven muy bien, gracias, en Europa y Norteamérica también. Es que el hidalgo latinoamericano es víctima de su propia hidalguía, y no pudiendo en su orgullo verse como igual, es víctima de sí mismo.

El cambio es para todos. La resurrección del espíritu indíge-na de nuestro continente permitirá también la del espíritu del hidalgo, y viceversa. No se puede dar una sin la otra. Será un renacer mutuo, de todos.

Hay una falta de madurez muy propia entre los hijos de la conquista en América Latina. Desde la cúspide social hasta la clase media, la gente crece prolongando su niñez hasta el día mismo de la muerte. Sigue siendo niña o niño, necesitando de un ama, de una niñera, de una empleada, de algún empleado que le haga de todo. Es porque, clase media o clase alta, somos hijos de algo. No podemos hacer nada por nosotros mismos porque no tenemos por qué hacerlo. Hacer algo va en contra del orgullo de nuestra posición social. Cambiar las cosas es bajarse del trono en que se alzó el primer hidalgo, nuestro muy propio y muy peculiar Goliat latinoamericano. Y desde entonces hay vergüenza en ser empleado, obrero, trabajador; hay que ser ingeniero, licenciado, doctor.

Yo era producto de esa situación. Compartía las mismas características. Me sentía profundamente inferior y superior a la vez. Pero la manifestación de mi sentimiento de superioridad era distinta a la común. En vez de sentir desprecio hacia el indígena le tenía lástima. Era una lástima tan profunda que me partía el corazón. Y en la sensibilidad extrema que caracterizó mi niñez empecé desde temprano a temer a la sociedad que me vio nacer. Fui testigo de ocasión de lo que habíamos hecho y me asusté a tal punto que me convertí en un niño asustado. Empecé a abrigar odio sin saber de dónde provenía ni hacia dónde estaba dirigido. Fui, desde niño, un rebelde sin causa. Me era imposible pensar que la mía fuese una rebeldía contra mis orígenes. Ansiaba, como todos o casi todos a esa temprana edad, sentirme igual. Pero me era imposible, porque temía a los demás, a todos, a lo que habíamos hecho de nuestro mundo. Y caí víctima de una de las peores pesadillas de la niñez: aprender a odiar lo amado. Mi espíritu enfermó de esquizofrenia social y no se libró de ella sino hasta que hasta que incliné la cerviz, hasta que aprendí a ser humilde y bajé de mi altar en las calles de Washington. Bajar del altar: es algo que todos debemos hacer porque todos, en mayor o menor grado, padecemos de eso. Todos somos seres duales. Ahí, en nuestros orígenes, vive el espíritu del pequeño David que debemos rescatar. Y en todos nosotros vive también un Goliat a quien le es difícil inclinar la cerviz.

Mi familia materna viene de Caravelí, un pequeño pero primoroso pueblito en la sierra sur de Perú. Ahí pasé innumerables veranos, sin agua potable ni corriente eléctrica. El blanco en Caravelí vivía en condiciones casi tan duras como las del indio pero, fiel a su condición de hijo de algo, no laboraba sino para dirigir las tareas del campo, mientras el indio, pobre, pobre, extraño en su propia tierra, cultivaba lo que fueron sus propias parcelas a cambio de una porción de la cosecha. El señor dirige la faena y al indio se le paga "al partir" una porción de la cosecha. Al indio y al sistema se les llama "partidarios". Un tío muy querido por mí debió tener una sensibilidad de alma muy grande porque no aguantó el golpe de esa realidad y se refugió en el alcohol. Fue el único de la familia que bebía con los partidarios y alternaba con ellos. Murió en su ley. Y yo seguí sus pasos. La semilla estaba sembrada para mis largos años de fuga de la realidad, de esa realidad que yo temía por el dolor que producía.

No se por qué, todo esto emergió en mi conciencia cuando, muchos años después, me alistaba para ir a Matagalpa, en Nicaragua. De pronto la clase media —*mi* clase media— estaba apoyando el cambio, estaba saliendo a las calles, y me pregunté qué habría pasado, qué motor la impulsaba.

* * *

Estaba nuevamente esperando la partida de mi vuelo con destino a Managua. Ya había logrado mis primeras victorias en la carrera de periodistas. Mis primeros pasos me habían llevado directamente a la situación en que me encontraba: de director de noticias de KDTV, ahora transformado en Canal 14, en San Francisco. Estaba a punto de comprar mi primera casa, que quedó en manos de mi primera esposa e hijos. Y había sufrido un rudo golpe con el nacimiento de mi primera hija, la que me llegó con parálisis cerebral. Es una mujer hermosa en su silla de ruedas, hermosa por la fortaleza de su espíritu y la tenacidad de su amor. Pero fue un regalo difícil que en ese momento no supe comprender. Había aprendido a temer lo que quería y en la inseguridad de mi condición empecé a temer a mi hija. Hoy todo eso se ha disuelto, pero para ello tuve que matar mis demonios internos. Mi hija, mientras tanto, era una afrenta a la vanidad del Sansón dueño de mí y me empujó aún más en mi ruta de disolución.

Años después aprendería una valiosa lección de mi hija: el significado de ser iguales. Porque no importa cuán distintas sean las circunstancias de nuestras vidas, el desafío interior es el mismo para todos: llegar a renacer, descubrirse, encontrarse a sí mismo, aceptarse. Es tan difícil para alguien confinado a una silla de ruedas como para alguien con plena salud física.

En ese momento, sin embargo, el problema que me presentó mi hija fue terrible. Fue un atentado contra mi vanidad y agudizó mi batalla en esos días. Goliat por afuera entabló una lucha de hidalgo meritorio, y así lo atestigua mi condición de periodista cuya carrera se fue para arriba, mientras que por adentro Sansón encadenado se consumía en inseguridades y arrogancia que apagaba diariamente con marihuana y alcohol.

* * *

En Managua yo sabía dónde aprovisionarme de marihuana. Eran muchos los periodistas y camarógrafos residentes que la utilizaban como esparcimiento. Yo la usaba como escape. La obtenía de ellos. Con Julio Moline, mi camarógrafo, no bien habíamos llegado a Managua que alquilamos un automóvil y nos dirigimos a Matagalpa. Llegamos al amanecer de un día de insurrección y lucha: la batalla de Matagalpa. Dejamos el carro con el chofer, al otro lado del río, en el cuartel de la Cruz Roja, y cruzamos a pie el puente que llevaba a la ciudad. Fuimos directamente al cuartel de la guardia nacional donde el comandante del cuartel pasaba revista a la tropa, alistándola para la acción. Éramos Julio y yo, el equipo relámpago que estaba en todos lados. Breve filmación de los preparativos, entrevista al comandante de la plaza, y nos fuimos para cruzar al lado de las filas sandinistas. En el camino nos encontramos nuevamente con Susan Meiselas, quien se había quedado en Nicaragua desde el día que entramos al país en taxi procedentes de Honduras. Fuimos hasta la iglesia al otro lado del pueblo, donde los sandinistas tenían su propio cuartel para la insurrección. Yo venía electrizado por el ambiente. Esto era en serio. Munición de verdad, órdenes de matar, todo sin tapujo. Aquí se jugaba la vida.

Me erizaban el pelo las consignas coreadas de cuadra en cuadra, con voz intensa en un momento desgarrador:

En la montaña enterraremos
el corazón del enemigo.

En eso, el sonido de un avión provocó pánico entre todos: la aviación somocista, con pequeñas avionetas, estaba bombardeando el pueblo… para salvarlo. La batalla había comenzado.

En el lado sandinista los "muchachos", como les llamaban, estaban pobremente armados, pero el pueblo era suyo. Fue una insurrección popular que los sandinistas robaron luego; la robaron igual que Castro robó años antes la insurrección cubana contra Batista.

Yo veía lo pobremente armado de esos muchachos y recordaba haber visto hacía muy poquito los fusiles, ametralladoras, tanquetas y bombas de la Guardia. Y cuando se efectuaron los primeros disparos, el instinto de preservación me llevó a irme al lado mejor armado. Fue un error. Pensé que así corríamos menos riesgo de morir. Fue al revés, porque recibimos el fuego cruzado agazapados en el dintel de una puerta.

Fuimos el único equipo de cámara en cubrir la batalla, y lo hicimos desde dentro. El cruce del lado sandinista al somocista lo hicimos ya iniciada la batalla. Fue mi primer cruce de un frente de guerra. El segundo y último lo haría muchos años después, en Kuwait.

Quizás no hay nada más arriesgado que cruzar un frente de guerra en plena acción. Fue la primera vez que escuché el silbido de la munición. Hubo una bala que pasó tan cerca de mí que sentí su "viento". Acurrucados en el portal, Julio y yo observamos la acción.

La guardia somocista encañonó al pobre operador de una pala mecánica y lo obligó a subirse y manejarla hacia los sandinistas para escudarse detrás de la máquina. O lo hacía o lo mataban.

Para el operario se trataba de un suicidio seguro. El hombre, de camisa blanca, subió con toda dignidad, arrancó el motor, y a marcha muy lenta hizo lo que no le quedó más remedio que hacer. Y la guardia, en fila india, escudándose detrás de la pala, avanzó hacia la plaza sandinista. Recuerdo como en cámara lenta el momento en que apareció un puntito rojo en la espalda del tractorista. Fue expandiéndose, como capullo de rosa, hasta cubrirle la espalda. Miré con incredulidad. Fue la primera vez que vi una muerte por bala delante de mí. En ese momento sentí resentimiento hacia el hidalgo que escogió a ese pobre hombre para escudarse.

Vi al comandante de la guardia de Matagalpa una vez más, 18 años después, cuando yo mendigaba en las calles de Washington. Una madrugada, a eso de las dos de la mañana, junto al único restaurante del área abierto las 24 horas del día, El Amanecer, me lo volví a encontrar. Estaba en su vehículo, estacionado en el patio del restaurante, donde usualmente se efectuaban transacciones de *crack*. Estaba sentado en el asiento delantero, bebiendo. No lo reconocí, pero él sí. Me dijo: "Descalzi, ven acá, tú no te acuerdas de mí, yo fui el comandante de la plaza de Matagalpa el día que estalló la insurrección sandinista". Según me dijo, estaba haciendo su mayor esfuerzo para borrar el episodio, no sólo de su conciencia, sino también de la conciencia de sus compatriotas. Ahí, en su exilio washingtoniano, utilizaba nombres ficticios para dejar atrás a quien esa vez comandó el cuartel de la guardia en Matagalpa. Era otro hombre en bicicleta. Su huida fuera de sí lo había llevado hasta Washington. Quién sabe si habrá logrado dejar atrás al hidalgo. No creo que sea posible corriendo hacia fuera, porque ese hidalgo siempre seguirá a la par, corriendo junto a uno... No, hay que enfrentarlo y quitarlo de en medio.

Nicaragua todavía no se ha encontrado a sí misma. *¿Quo vadis*, Nicaragua? ¿A dónde vas? Nicaragua continúa su carrera ciclista. El problema de fondo permanece. El antagonismo interno no se ha resuelto. Los dos lados del ser nicaragüense, su David y su Goliat/Sansón siguen enfrentados. Todavía hay ahí altares a dioses menores, los dioses menores de cada cual, y en ellos viven muy bien Sansón y Goliat. Nicaragua sigue en su carrera y no puede detenerse con el método con que se busca hacerlo. Sólo se detendrá lentamente. De manera individual. Con paciencia, con humildad. *Interiormente.*

Pero en fin, de vuelta a la realidad.

Estaba viendo lo que ocurría con ese humilde tractorista de Matagalpa cuando cayó sobre su asiento interrumpiendo el avance de la guardia. En el breve alto al fuego que siguió, mi camarógrafo y yo emprendimos la carrera para salir de esa calle de la muerte. Él, cargando la cámara, y yo, cargando la grabadora de cinta de ¾ de pulgada de esa antigua unidad de video. Tuvimos suerte. Llegamos al puente que unía al pueblo con el cuartel de la Cruz Roja. El puente estaba totalmente al descubierto y cuando lo cruzamos, a toda carrera, alguien empezó a dispararnos. No sé si serían guardias o sandinistas. Al otro lado del puente un grupo de espectadores nos alentaba a gritos. Entre ellos estaba nuestro chofer, Parodi.

A mi regreso al hotel me entró una depresión. Me eché sobre mi cama en el Intercontinental y, por más que quise, no pude cambiar la expresión de mi rostro. La imagen de la rosa sangrienta en la espalda del tractorista de Matagalpa se quedó conmigo por varios días.

Capítulo dos

Fue una época en que en América Central se encendían pasiones tanto en la izquierda liberal como en la derecha conservadora. Una de las pasiones de la derecha probaría que no es tan conservadora después de todo. En México se había despertado el apetito oficial por la riqueza. Cuando se descubrió una bonanza petrolera en el Golfo de México, frente a la costa del estado de Campeche, la fiebre del oro negro contagió al Estado. Fue tal la calentura que, como verdadera fiebre, llegó a debilitarlo hasta hacerlo caer sobre sus rodillas económicas. Gobernaba José López Portillo y bajo su administración, con Jorge Díaz Serrano como director de PEMEX, Petróleos Mexicanos, se encendió esa fiebre de la explotación petrolera. Desgraciadamente, el encendimiento fue literal en el caso de un pozo llamado Ixtoc, ubicado frente a la costa de Campeche. Estaba cerca a una isla, Isla del Carmen, y estaba en llamas. El mar hervía a su alrededor. Billy, mi camarógrafo, y yo, fuimos a tomar escenas de esa peculiar ocurrencia: llamas saliendo del mar.

Nos fue dificilísimo acercarnos al pozo.

En los círculos oficiales del México de la época se cocinaban millones de dólares para la plutocracia del país mientras ésta, en su hidalguía, apartaba la nariz ante el olor del pueblo que trabajaba su cocina económica. Y no había cocinilla más caliente que la del petróleo. El petróleo había sido reservado por la revolución mexicana para la explotación exclusiva por parte del Estado.

La ironía de la revolución mexicana está en que, como toda revolución, fue eventualmente controlada por gente que poco tenía de revolucionaria. Ésa es una de las razones por las que las innumerables revoluciones de América Latina no lograron su objetivo: fueron conducidas con hidalguía, con ese espíritu tan despreciativo de lo que la revolución estaba llamada a elevar. Así continúa hasta hoy. Basta ver el trato que dio Fidel Castro al pueblo de Cuba: cómo le negó soberanamente el derecho a lo propio, tratándolo como rebaño de ovejas, porque así es como el hidalgo ha tratado tradicionalmente a su pueblo. La actitud de Castro, pese a lo que se quiera decir de él, fue la de cualquier hidalgo conquistador. ¡Y se pensó que era revolucionario! Es que el escape de lo propio es imposible, en el nivel personal y en el nacional.

Las revoluciones son trágicas por lo absurdo de su objetivo: le es tan imposible a una revolución huir de su ser social como a mí me fue escapar de mí en búsqueda del equilibrio, con el añadido de que una vez perdido su impulso original, una vez disminuida su marcha tras la explosión que la vio nacer, la revolución pierde el equilibrio y acaba cayendo, como cayeron todas, en manos totalitarias, como la francesa en manos de Napoleón.

Castro, al igual que los jerarcas de las revoluciones latino-americanas y los líderes de la Unión Soviética, no pudo escapar de la prisión de sus propios orígenes y regresó por fuerza a ellos: al autoritarismo que lo vio nacer. Los soviéticos al autoritarismo de los zares, Castro y nuestros otros líderes "revolucionarios" de América Latina al de la conquista. No son, después de todo, más que caminantes de un sendero trazado siglos atrás por los primeros conquistadores. No recorren ningún camino nuevo.

Caminante, no hay camino,
Se hace camino al andar...

Y estos caminantes revolucionarios nuestros no quieren caminar. Quieren, como buenos hidalgos, *ser cargados*. Fidel, sobre lomos cubanos, no fue nada distinto a Somoza sobre espaldas nicaragüenses. Las diferencias son meramente de estilo.

En el caso mexicano, la verdadera naturaleza del gobierno del Partido Revolucionario Institucional se dejaba entrever entre las costuras de su camiseta, debido a la pérdida de su impulso "revolucionario" a través de las décadas. Es que el tiempo es malo para las revoluciones. Con la pérdida de su impulso original pierden el equilibrio rápidamente. Son consumidoras tan voraces de todo lo que encuentran a su paso que pronto se ven sin el combustible necesario para alimentar sus calderas. Marx y Engels, que pensaron que la religión era el opio del pueblo, ¡qué sorpresa se llevarían al ver que las revoluciones son la drogadicción de las sociedades! Se autoinmolan, a no ser que se detengan a tiempo. No suelen hacerlo por la casi patética ambición de sus personajes centrales: invariablemente aparece un Goliat tratando de entronarse en el medio de ellas.

En México, la revolución empezó a quemar el petróleo para alimentar sus calderas. Cuando apareció en las costas de Campeche, el presidente López Portillo apostó todo y cayó, como cualquier adicto al juego. Apostó duro, muy duro, al petróleo porque quería ser un buen hidalgo, quería su herencia, pertenecer al mundo de los que tienen algo. El carácter autoinmolatorio de las revoluciones tuvo en él un buen representante por otro motivo también: se creyó fuerte por tener un producto rico, el petróleo. Pero la riqueza, por sí misma, no fortalece al ser.

José López Portillo gobernó entre dos presidentes estadounidenses: Jimmy Carter y Ronald Reagan. Con Carter, el moralista, el cartel del petróleo dominado por los árabes hizo lo que quiso. Se vengaron de él por los muchos desaires, reales e imaginarios, que habían sufrido. Lo hicieron alzando vertiginosamente el precio del crudo. López Portillo, aprovechando su inesperada bonanza, endeudó hasta la camiseta mexicana para inversiones "visionarias". La visión le salió miope. Al tomar el poder, Ronald Reagan cambia rápidamente la estrategia estadounidense. Las tasas de interés se van para arriba. Estados Unidos apuesta al crecimiento con inflación al tiempo que detiene el alza en el precio del petróleo, y logra así volver *in statu quo ante bellum*, a la situación anterior a la guerra de los precios del combustible. Esto deja a México nueva y sólidamente fuera del campo de juego de los países ricos. Y López Portillo, que había prometido defender la estabilidad de su moneda "como un perro", se ve obligado a devaluarla drásticamente para subsistir en el mundo de las finanzas. Luego, a la colina donde López Portillo edificó su mansión se le llamó "la colina del perro".

En fin, todo hubiese estado muy bien si al menos hubiese habido honestidad en los errores. Pero hubo también aprovechamiento.

Desde la época de Lázaro Cárdenas, quizás uno de los últimos presidentes verdaderamente revolucionarios del país en este siglo, antes de que sobreviniesen los hidalgos, había quedado explícitamente prohibida toda participación extranjera en la explotación del petróleo mexicano.

El pozo Ixtoc estaba siendo taladrado por una empresa llamada PERMARGO, Perforaciones Marinas del Golfo, contratada por Jorge Díaz Serrano, el director general de Pemex. Para llegar a Ixtoc necesitamos sagacidad. Volamos de la Ciudad de México a Villahermosa en un avión de Aeroméxico. Ahí alquilamos una avioneta manejada por uno de esos pilotos que sólo nuestros pueblos son capaces de producir. Era el equivalente de quienes reparan sus automóviles con alambre y papel. Volamos bajo hacia Ciudad del Carmen, pero nos fue imposible lograr que PEMEX nos facilitara el acceso al pozo. Previamente, en la Ciudad de México, el mismo Jorge Díaz Serrano nos había prometido toda su colaboración. Sentado en su imponente escritorio en el ultramoderno rascacielos que domina la ciudad, debajo de su helipuerto en el techo del edificio, Díaz Serrano parecía la personificación del dios que derramaría bendiciones sobre su pueblo. Sobre mí derramó promesas de ayuda pero, pese a ellas, no logramos avanzar un milímetro en dirección a las llamas.

El petróleo derramado en Ixtoc era arrastrado por vientos y mareas hasta la costa de Texas, contaminando particularmente la Isla del Padre, santuario de la naturaleza cercano a la ciudad de Corpus Christi.

Esperando en Isla del Carmen a ver qué pasaba, llegó un remolcador de esos que llevan provisiones a las plataformas petroleras en altamar. Llevaba víveres a quienes tiraban chorros de agua al pozo. La inutilidad de esa tarea debe de haber sido evidente. Ixtoc, pozo submarino, estaba rodeado de todo el océano del mundo y aun así ardía. El océano a su alrededor hervía. Eventualmente tuvieron que traer al legendario tejano Red Adair a apagar el incendio. Lo hizo en pocos días. Luego me lo encontraría en otra conflagración petrolera, de mucho mayores dimensiones: en los incendios petroleros de Kuwait cuyo humo cubrió el cielo de uno a otro horizonte.

La mencionada embarcación estaba capitaneada por un escocés. Yo, que siempre les tuve simpatía a esos hombres, le caí "simpático". Le hice y aceptó mi propuesta de llevarme a Ixtoc sin comunicarle nada a quien lo contrató, PEMEX.

Llegamos al pozo en llamas. El traslado a la plataforma de contención fue una de esas peripecias de trasbordo en altamar. Vi con gran asombro cómo el mar, refrigerante natural del planeta, hervía. Me impresionó el poder que emanaba. Empezamos a grabar, pero inmediatamente nos detuvieron. En menos de media hora, la persona a cargo del lugar tenía un helicóptero en la plataforma listo para sacarnos de ahí. No habían tenido cómo llevarnos al pozo, pero una vez ahí, en media hora consiguieron un helicóptero exclusivamente para sacarnos.

PERMARGO, la compañía perforadora del pozo, me enteré, era propiedad nada menos que del presidente de PEMEX, Díaz Serrano, y del entonces gobernador de Texas, Bill Clemens. Con razón Texas nunca exigió a México que pagara los costos de limpieza de sus costas contaminadas por Ixtoc. Con razón PEMEX nunca enjuició a la compañía responsable de la explosión del pozo... Lo curioso es que el gobierno de México tampoco hizo cosa alguna teniendo a un extranjero, Clemens, como partícipe en la explotación de su petróleo a pesar de la prohibición. Díaz Serrano sería encarcelado durante el siguiente gobierno pero, en su "colina del perro", López Portillo no sería tocado ni por ese ni por ningún otro escándalo de su administración.

¡Ay de la curiosa esquizofrenia latinoamericana! López Portillo no sólo quería ubicar su país entre los grandes jugadores del mundo capitalista con su aventura petrolera. Quería al mismo tiempo presidir el club de los países pobres, ser su líder, una especie de rey de los mendigos a nivel mundial. Y para eso organizó la curiosa Conferencia Norte-Sur de Cancún en 1981.

* * *

Mi vida había sufrido grandes cambios para entonces. A mi vuelta de Ixtoc, mi jefe me había trasladado de San Francisco a Nueva York para cubrir las elecciones presidenciales de 1980. Fue la primera vez que enlazamos vía satélite la cadena SIN. Para la televisión en español en Estados Unidos, sería uno de esos momentos culminantes de los cuales no hay marcha atrás.

La televisión hispana no pasaba en ese tiempo de ser un acontecimiento folklórico dentro del mundo de la televisión estadounidense. El auge que luego cobraría se debió fundamentalmente a dos factores: que el pueblo hispano en Estados Unidos es inmenso (alrededor de 35 millones de personas al momento que escribo, hoy 44 millones), y que este país tiene una democracia descarnadamente capitalista.

En Estados Unidos, como en todas partes, el capital es de varios tipos. El mundo del capital financiero ya había reparado en la importancia del mercado hispano y quería llegar al otro tipo de capital: el político, que surge con todo su poder en este país cada cuatro años, con cada elección presidencial. Las curvas de los dos mercados —el monetario y el político— coincidieron en 1980 montándose como olas una sobre otra y creando una inmensa cresta que la SIN, con René Anselmo a su cabeza, montó como en competencia de tabla hawaiana… Anselmo, otro campeón mundial del equilibrio a velocidad.

Treinta y cinco millones de electores hispanos potenciales son, indudablemente, un capital político considerable. Y es así que cada cuatro años, cuando llega el momento de las elecciones en este país, llevar su mensaje a estos 35 millones cobra repentina importancia en la conciencia de los políticos estadounidenses.

Parece mentira cómo hoy damos por sentada la importancia del hispano en Estados Unidos. En ese tiempo, 1980, la hispanidad todavía vivía agachando la cabeza y escondiéndose dentro del país, como temerosa de ser descubierta. El himno hispano bien podría haber sido "La cucaracha", por nuestra tendencia a aceptar la oscuridad y también porque, de cuando en cuando, nos callan también con un periódico enrollado. Porque sí, más de una vez se utilizaron los periódicos del país en campañas antiinmigrantes y antihispanas.

Anselmo y SIN ayudaron a que el hispano sacara la cabeza a la luz pública en este país.

* * *

Un día de julio de 1980 estaba yo entrando a mi oficina en Park Avenue, Nueva York, cuando mi jefe inmediato, Leandro Blanco, me dijo que había recibido una llamada de Jody Powell, secretario de prensa de Jimmy Carter. El presidente, me dijo Powell, quería darnos una entrevista…

Imagínense: ¿el presidente de Estados Unidos quería que *yo*, Guillermo Descalzi, lo entrevistara en SIN? Éramos un diminuto medio que transmitía en un idioma minoritario a una minoría del país… Era más bien yo quien deseaba entrevistarlo, pero no me atrevía. Era año electoral y las encuestas no eran halagadoras para Jimmy Carter. El Ayatollah Khomeini se había ensañado con él y en Irán refregaban el piso con su efigie y con banderas de Estados Unidos. Fue así que el extremadamente moral, honorable y profundamente religioso Carter buscó su salvación política hasta en los lugares más recónditos de la sociedad estadounidense. Fue quizás la primera vez que hubo una aproximación concertada al electorado hispano en una carrera presidencial. Para mí fue bonanza de pescadores. De pronto bebían de mi plato el gato, el perro y el ratón: Ronald Reagan, Jimmy Carter y el tercer hombre en busca de la cima política de ese año, John Anderson. Mientras los grandes astros de la televisión se disputaban los candidatos, yo humildemente los conseguía en exclusiva por el mero hecho de estar en el lugar correcto en el momento adecuado: por ser el reportero hispano más conocido de la entonces única cadena hispana de televisión en el país.

¡Cómo había cambiado mi vida desde 1978, cuando el avión me dejó en el aeropuerto de Toncontín! Ahora me buscaban, pero ni eso me permitió aminorar la carrera. Continué a toda velocidad porque si me detenía, me caía. Es que seguía huyendo de mí mismo. Seguía en mi circo de tres pistas, trabajando hasta el cansancio de día y bebiendo y fumando hasta el cansancio de noche. Mi éxito exterior para nada afianzaba mi ser interior. Seguía siendo el mismo Guillermo Descalzi asustado que había sido desde niño.

A Jimmy Carter lo vi por primera vez en persona en 1976, en San José, California, durante una gira electoral. Le disputaba la presidencia al entonces presidente en funciones, Gerald Ford. Carter, poseedor de un certero compás moral, era precisamente lo que el elector estadounidense necesitaba en ese instante. El país luchaba por salir de una de las etapas más traumáticas de su historia, pero al hacerlo había saltado de la sartén al fuego. Había salido de la guerra de Vietnam para caer en los escándalos de la presidencia de Richard Nixon. Sus líderes de la década anterior habían sido asesinados o se habían retirado en derrota y vergüenza.

El presidente Gerald Ford representaba en ese momento la continuación de un régimen desprestigiado. Como sucesor de Nixon fue considerado heredero de su manto. Para nada le ayudaron ni su lealtad al partido ni su casi inocente fe en que apaciguaría las aguas perdonando a Nixon. El caso es que Carter, el de los ojos tan grandes que casi parecía querérselo comer a uno con la fuerza de su conciencia, ese Carter era no sólo lo que el electorado buscaba sino también lo que el país necesitaba.

La década de los sesenta produjo en Estados Unidos, entre otras cosas, la ópera rock *Jesucristo Superestrella*. Cuando la vi en 1969, pensé en cuán fuerte era el poder de atracción de lo espiritual, que hasta en el rock brillaba la estrella de Jesucristo. En 1976, Jimmy Carter irrumpió en la conciencia del país como la superestrella que restauraría el espíritu de la nación en la ópera rock que vivía el país en esa época. Carter, el del certero compás moral, hombre que no pensaría ni por un momento en verse envuelto en el frenesí de las estrellas, fue recibido como una de ellas.

Ese mismo Carter fue víctima luego de su propio estrellato, y cuando me buscó en 1980 era porque ya se había estrellado... Pero cuando lo vi por primera vez en San José me di cuenta, en la reacción del público, de cuán grande era el ansia de limpieza de este país y me convencí de que Carter el Limpio sería por eso el próximo presidente de Estados Unidos. Pero cuán efímeras son la gloria y la victoria, cuánto pesa la billetera en este país y cuán seriamente se toma aquí eso del "derecho a la búsqueda de la felicidad".

Porque tan perennizado está en la Constitución estadounidense el derecho de todos a buscar la felicidad que el ciudadano común y corriente ha llegado a creer que dicha búsqueda no sólo es un derecho sino un deber... Se ha convertido en algo así como las riendas que conducen al público en su vuelta por el hipódromo de la vida. Y hay algo más: hay confusión en ese hipódromo. Las anteojeras del caballo han hecho que confunda *felicidad* con *satisfacción*. Para mí, en mi búsqueda de equilibrio, esa confusión fue tremenda. Confundí felicidad con satisfacción, algo muy de acuerdo con el hedonismo y con el escape y disolución en drogas y alcohol, tan prevalentes en algunos sectores de la sociedad estadounidense. Caí como gota al agua en ese ambiente y me dediqué ya no a buscar la felicidad sino la satisfacción. Años después, en las calles de Washington, me daría cuenta del "equívoco malo" que es dedicar la vida a eso. Es tan grave como pasar la vida en busca del dolor. Son extremos que, por extremos, destruyen el equilibrio necesario en la vida. De esa frasecita, del "derecho a la búsqueda de la felicidad", parece salir ese mundo de excesos tan curiosamente estadounidenses como la generación de las flores y el amor en los años sesenta, la subcultura de las drogas y los matrimonios en serie estilo Hollywood. La felicidad encumbrada se confunde fácilmente con el placer, la falsa moneda de la felicidad. El placer busca llenarse con satisfacción. Es precisamente lo que hice, el error en que incurrí y que me llevaría a vivir *full-time*, tiempo completo, en las calles de Washington. Sólo años después, tras mi peregrinación en las calles, me daría cuenta de que la búsqueda de la felicidad es tan errada como guía de conducta como colocar el dolor como pauta del comportamiento. Uno lleva al hedonismo, el otro, otro al sadismo.

En todo caso, esta sociedad estadounidense, tan acostumbrada a su felicidad, no aguantó mucho el austero moralismo de Jimmy Carter. Su compás moral tan certero en el mundo del espíritu se perdió en el de la política mundial. Fue manipulado por los enemigos de Israel, por la revolución de los ayatollahs en Irán, por los comandantes sandinistas en América Central, por Omar Torrijos en Panamá, y por muchos más. El resultado concreto en Estados Unidos fue que el precio de la gasolina se disparó. Carter declaró el "equivalente moral de la guerra" y fue ridiculizado. Se empecinó en buscar nuevas fuentes de energía, pero la economía continuó cayendo y el electorado, que había visto antes en él a su salvador *moral*, esta vez vio a un perdedor *real*. Sintió en su moralismo un obstáculo a su búsqueda de la felicidad… y lo rechazó. La economía se estaba enturbiando y el país eligió a Ronald Reagan.

* * *

Cuando entrevisté a Jimmy Carter en 1980 fue la primera vez que entré en la Casa Blanca. Llegamos el camarógrafo Billy Nieves, el productor Frank Marrero y yo, cargando una inmensa y ahora primitiva cámara Phillips Thompson que luego nos robaron en Bahamas. Yo me compré un traje (todavía lo recuerdo) en honor a la ocasión. Pasamos primero a la sala de prensa, donde nos tocó esperar unos momentos. Ahí estaban las grandes figuras del periodismo de entonces. Estaba Jessica Savitch. No imaginé que mi historia se parecería a la suya en los años por venir. También estaba Sam Donaldson. Miramos a nuestro alrededor y nos quedamos deslumbrados. Recuerdo que después de la entrevista nos quedamos a la rueda de prensa usual y me dio miedo de alzar la mano entre tanto hombre de prensa, no fuera que me dieran la oportunidad de hacer una pregunta e hiciese el ridículo frente a estas luces del periodismo nacional.

Es que la inseguridad me seguía. No había logrado desligarme de ella por mucho que corriese. Sufría de esa extraña inseguridad que provoca altanería defensiva en quien la padece. Para afuera yo era altanero; para adentro, inseguro. Las inseguridades que albergaba por mi origen se extendieron en Estados Unidos a todo lo que me rodeaba.

He escuchado en Alcohólicos Anónimos que no existen "curas geográficas". Que por más que uno vaya a donde vaya, tratando de escapar a sus problemas, éstos lo siguen a uno. Que la cura se encuentra únicamente al interior. Y es cierto. Mi fuga geográfica a Estados Unidos sólo provocó que mis inseguridades me siguiesen aquí, tanto en lo personal como en lo profesional, sólo que en lo profesional esa inseguridad se manifestó como "éxito". Curioso, ¿no? Pero detrás de muchos éxitos lo que hay es un miedo terrible al fracaso. De ahí provenía, al menos en parte, la rápida escalada que estaba efectuando en el mundo de la televisión, y lejos de darme seguridad me hacía sentir fuera de mi elemento, como alguien que ha incursionado más allá de las fronteras de lo conocido. El problema para mí era mayor porque ni en terreno conocido me había sentido seguro. Nunca había aprendido a aceptar a quien yo era. No aceptaba a mi yo altanero, seguro en la superioridad de su conocimiento y de su herencia familiar, un yo castigador e implacable en defensa de la superioridad que su herencia dictaba, ni aceptaba a mi yo inseguro, convencido de su propia incapacidad. Y no los aceptaba porque el primero era maltratador, arrogante, y el segundo, maltratado, temeroso. Y cuando llegué a la cúspide profesional no me pude aceptar tampoco porque mi llegada era producto del miedo, porque no había aprendido de manera alguna a *amar lo que quería* ni a *querer lo que amaba*. Siempre había abandonado mis conquistas, rechazado mis logros en busca de algo más que lograse tapar el vacío central de mi vida.

Amar es distinto a querer. El amor es generoso, todo lo acepta, todo lo aguanta. El amar entrega, es paciente, perdona, cultiva. El querer es egoísta, intolerante, no tolera desafío. El querer pide para sí, es impaciente, no perdona, cosecha. Por eso hay que amar mucho y querer sólo un poquito, *muy* poquito. El querer es la sal del amor. Demasiado querer y se sala el amor. David ama, Goliat quiere. Amar es del espíritu, querer de la persona. Yo no sabía amar lo que quería ni quería lo que amaba. Hay que amar y querer a la vez en la medida correcta. Ambos, el espíritu y la persona tienen que ser satisfechos. De lo contrario se rechaza lo amado y se odia lo querido, un mal común del cual yo padecí durante muchísimo tiempo.

Pero durante todo este tiempo subsistió también el humilde y espiritual David dentro de mí. Ese era el otro yo en la dualidad de mi ser. Creo que ese pequeño no muere sino hasta el instante mismo de la muerte física. Siempre existe en uno la chispita del amor que puede volver a encenderse. A pesar de todo, esa chispita me dio la fuerza necesaria para continuar a través de los años.

Es una chispita que parece haber quedado huérfana de leche materna en América Latina. Vivimos con tan poco amor los unos para con los otros que nuestras vidas son más pose inerte

que vida real, y en esa pose desarrollamos la peculiar esquizofrenia del ser tan propia a nuestras sociedades. Recibimos una
herencia carente de sustancia y abundante en forma. Poco amor.
Demasiado querer.

Y así, así es como entré por primera vez en la Casa Blanca y
efectué mi primera entrevista presidencial en exclusiva. Me fue
duro porque tuve que presentar una forma que en buena medida
carecía de vida. Y en la conferencia de prensa diaria de la Casa
Blanca esa dureza mía se manifestó en pánico interior a la posibilidad de que el secretario de prensa me señalase y yo tuviera
que hacer alguna pregunta. ¿Saben? Continué sintiendo ese
pánico hasta el momento en que me fui a vivir a la calle. Recién
se resolvió, desapareció, cuando aprendí a ser real. Cuando di
el paso de mostrarme ante todos tal y como era, cuando renací.
Porque el renacer es concreto, no es teórico. Es real. Consiste
en empezar a vivir en la verdad. Y es entonces que nos llega
la gracia que prometen los sacramentos. Esa gracia empieza
con la disolución del temor. El temor sencillamente se disuelve
porque cuando llega la verdad a la vida de uno no queda más
mentira que proteger, no hay más razón para el nerviosismo.
Nadie va a ser "descubierto". Y entonces empieza uno a vivir en
amor. Es un producto de la verdad. El amor disuelve los temores
y nos llenamos de la fuerza de la verdad. Yo, mientras tanto,
buscaba en vano esa disolución de día en día en el refugio de
mi vida hedonista.

* * *

A Jimmy Carter lo entrevisté por primera vez en uno de los salones del sótano de la Casa Blanca. Ese día me alojé a cuerpo de rey en el hotel Hay Adams, justo frente a donde Carter dormía, a 500 dólares diarios del año 1980. Mi jefe había decidido hacerme llegar a lo grande, pero ni eso atenuó la trepidación que sentí al entrar a la sala de la entrevista. Mi estado mejoró cuando llegó Carter. El suyo era un espíritu afín. Si bien no era un aristócrata latinoamericano, al menos era un aristócrata del sur, y compartíamos varias características. El reconocimiento de esa realidad me hizo sentir más cómodo. Carter, con sus ojazos tan abiertos como lunas llenas, era un hombre cuya fisonomía era también producto de su inseguridad. Como yo, era víctima de una curiosa dureza: casi incapaz de mantener una conversación superficial. Se sentía cómodo, en cambio, conversando de temas profundos, desligados de personalismo, así que cuando la grabación se interrumpía, descendía un extraño silencio sobre la sala. Era un Carter que se sentía cómodo en su función oficial pero no en el contacto personal.

Yo le ganaba: no me sentía cómodo en ninguna de las dos situaciones. Para entonces yo ya bebía mucho después de terminado el trabajo y era un diario fumador de marihuana. No me daba cuenta de lo mucho que lo hacía, y la fuga de la realidad que el alcohol y la droga me daban era un descanso sin el cual no podía continuar. No tenía el valor de enfrentarme a mi realidad interna. Se me había enseñado desde la niñez a mostrarme incólume y no me atrevía a ver con honestidad al ser imperfecto que habitaba dentro de mí.

Años después, cuando fui obligado por mi segunda esposa a ver en mi interior, me asusté tanto que lejos de componerme me metí más en la espiral del vicio.

* * *

Fue poco después de esa primera entrevista presidencial con Jimmy Carter, que López Portillo organizó su Conferencia Norte-Sur de Cancún.

López Portillo era un presidente que pretendía sentirse cómodo en sus dos papeles, el público y el privado. Y en ambos quería jugar tanto el papel de rico como de pobre. Se creía maestro titiritero y creyó que su acto, como el de Pinocho, cobraría vida real. Adolecía profundamente de la duplicidad espiritual de los hijos de la conquista. Le tocó gobernar entre dos presidentes muy disímiles de Estados Unidos, Carter y Reagan, y el curso de su presidencia cambió drásticamente con el giro de la política estadounidense. El león meneó la cola y el ratón que estaba prendido de ella salió disparado sin percatarse siquiera de lo que había pasado.

* * *

Reagan fue mi siguiente entrevistado. Con la conversación con Carter en el bolsillo, conseguir una exclusiva con el candidato Reagan fue relativamente sencillo.

Todavía se le llamaba gobernador y no presidente. Lo vi en su Los Angeles querido, en un hotel cercano al aeropuerto. Me impresionó su cara de muñeco de porcelana, con las mejillas sonrosadas como si le acabaran de aplicar maquillaje. Su lustroso cabello negro lucía tan natural y tan irreal en él como sus mejillas de porcelana china. Era un hombre suave, dotado de todo el don de gentes de la aristocracia estadounidense. Su aristocracia, a pesar de no llegarle por herencia, la llevaba en las venas. Era algo muy propio del enrarecido mundo de la pantalla americana. Y al igual que Carter en su momento, Reagan estaba dotado de las características personales que necesitaba el electorado estadounidense en el instante de su elección.

Al electorado le había dejado de importar la sustancia moral. Era como una manifestación del dicho que afirma: "de lo bueno, poco". Carter "el bueno" había hastiado rápidamente al electorado estadounidense. El Ayatollah Ruhollah Khomeini se había ensañado con el religioso y espiritual Jimmy. ¿Por qué? Quién sabe, pero quizás siendo Khomeini un absolutista religioso de la más intransigente especie, viese en el liberal espiritualismo religioso de Carter algo que no podía de manera alguna tolerar.

Lo que me impresionó en esa entrevista con Reagan fue su don de gentes. Entre el populista Carter y el aristocrático Reagan, era éste quien se sentía cómodo en la compañía de otros. Había algo ahí que yo tenía que aprender, pero no sabía qué. ¿De dónde venía su seguridad? ¿Por qué se sentía tan a gusto consigo mismo? ¿Qué sabía que yo no?

Años después, en la soledad de la calle, me daría cuenta de lo que era: Reagan, el actor, sabía que todo ser humano actúa y que no hay que temerle al teatro porque no es nada más que eso: teatro. Sabía que en el fondo, tras las cortinas de su actuación, se esconden seres tan asustados que lejos de tenerles miedo hay más bien que tenerles lástima. Reagan quizás no sentía mucha lástima por su prójimo, pero tampoco le tenía miedo. En consecuencia, no necesitaba ser implacable por fuera, como parecía serlo Carter, el hombre de severidad grabada en el rostro. Con esa severidad Carter se defendía de su alrededor. Reagan, en cambio, era al revés: implacable por dentro y suave por afuera, exactamente lo contrario a su rival demócrata. Es por eso que el electorado lo eligió.

En mi exilio callejero yo aprendería algo más: que la dureza es débil. Que en el mundo, la suavidad —hacia afuera y hacia dentro— logra más que la dureza, y que el trato duro es débil y quebrantable. Que en la suavidad y la dulzura hay fortaleza.

* * *

La elección de Reagan no sorprendió a nadie. Tras ella, como ya se ha hecho costumbre, se reunió por separado con sus colegas de los países vecinos, México y Canadá.

Con José López Portillo se reunió en una tarde soleada en Tijuana. A mí me tocó cubrir la ocasión para el Noticiero Nacional SIN, el primero de transmisión nacional en español, que acababa de iniciar transmisiones.

Era para nosotros en SIN una época de aventura. Mi adicta y escapista persona encontraba en ese mundo el vehículo perfecto para su supervivencia. Los cambios constantes de atención y el ajetreo diario me permitían correr lo suficiente como para dejar atrás mi inseguridad y mis temores. Era un escape profesional que iba mano a mano con mi escape personal, el de las drogas y el alcohol, pero como es obvio, no podía llevarme muy lejos: es que las mentiras tienen patitas cortas. Ahí, siguiendo muy de cerca a mi persona escapista, como el chicle que uno se quiere quitar del zapato, me seguían todas las dudas y los temores que quería dejar atrás. Más aún, en vez de quedarse quietos, crecerían lenta pero inexorablemente en los años por venir. Por otro lado, mi bien afinada maquinaria exterior me permitía progresar en el campo profesional. La ocupación que había elegido parecía ser la acertada. Quién sabe qué hubiese pasado si en mi desequilibrio no hubiese encontrado un vehículo como la televisión para mi desarrollo profesional.

Mi vida en esos años podía representarse con una de esas máscaras del teatro griego clásico: riendo por un lado y llorando por el otro. Llevaba a cuestas la tragedia y la comedia, pero era ésta la que le mostraba al mundo, con un humor cínico, incisivo e infantil. La tragedia la ocultaba dentro de mí.

* * *

SIN llegó a Washington con unas camisetas negras inscritas con "*SIN on the Hill*", "pecado" en la colina, esto es, la colina del capitolio donde ubicamos nuestras oficinas. Era para mí más que una broma. No me daba cuenta de lo irónico que era que llevase puesta una de esas camisetas. Y con una de ellas fui a Tijuana cuando se reunieron por primera vez como presidentes José López Portillo y Ronald Reagan.

En Tijuana, acompañando a la delegación del presidente mexicano, estaba un economista muy competente que luego, en mi época de mendigo, sería embajador en Washington. El futuro embajador llevaba el encargo, entre otras cosas, de dejar una buena impresión en la prensa estadounidense. De mí ya había recibido noticias, según me dijo, puesto que mi labor era "extraordinaria". Y como para premiarme me regaló una moneda de plata conmemorativa de alguna ocasión mexicana. En fin, no le di mucha importancia al hecho, pero sí recuerdo que me trató efusivamente las veces que lo vi en años subsiguientes... hasta que quedé en la calle.

En 1995, el mismo personaje ocupaba el cargo de embajador en Washington. El Instituto Cultural Mexicano, dependencia de su embajada, quedaba en el corazón del barrio hispano de la ciudad, sobre la calle 16 muy cerca a su esquina con la calle Columbia. Yo tenía mi "casa" muy cerca de ahí. Llevaba en el estómago un hueco eterno de hambre. La poca comida que conseguía no lograba llenarlo. Vivía en una mansión abandonada tras un incendio, a una cuadra y media del Instituto Cultural Mexicano, al frente precisamente de la sección de intereses de Cuba. Un buen día, en el verano de 1995, muerto de hambre como de costumbre, caminaba hacia mi casa cuando vi un montón de gente a la entrada del instituto. Se trataba de una recepción para los miembros de la selección mexicana de futbol, presente en Washington para un partido de exhibición con el seleccionado de Estados Unidos, y tras el partido —que México perdió— el embajador había invitado a los jugadores y la prensa a comer algunos bocadillos. Desde la calle pude percibir el olor del cielo y, sin más, me metí a la embajada a comer. Después de todo, el embajador me conocía y me había tratado bien en el pasado. Cuál no sería mi sorpresa cuando, después de unos minutos, se me acercaron varios hombres a decirme que el embajador, el mismo que había premiado mi "extraordinaria" labor, había ordenado que me sacaran de la embajada porque no estaba "correctamente vestido", y me echaron sin que llegara a probar un sólo bocado. Mi presencia confundía.

Es muy común definir al ser con la persona, con la *manera* como se presenta, confundirlo con la *situación* de su vida. Y aunque hay una relación estrecha entre esencia y existencia, son, después de todo, cosas distintas.

* * *

Filosofía de la calle # 1

Una cosa es *lo que somos* y otra la *manera* en que somos, incluyendo en esto la posición que ocupamos en la vida, nuestras posesiones, fama y dinero, familia y relaciones, y todo lo que nos rodea en general.

Para unos, su ser emana de su existencia, *de su persona*. Para otros la existencia, la persona, es un producto de la esencia del ser. En realidad no importa de dónde proviene cada cosa, si el huevo de la gallina o si la gallina del huevo. Lo que importa es que son distintas. Confundimos lo que somos con la manera como somos. Ése es el punto de partida del materialismo. Pero no es así.

El ser es muchísimo más que la persona y que su expresión. Para quienes tienen un punto de vista materialista, el ser se define por la persona y ésta por la manera como existe. Para ellos el valor del ser y el valor de su situación son casi lo mismo.

Tanto tengo, tanto valgo. El embajador pensaba que ahora yo no valía, cuando en realidad estaba recobrando mi valor real. Fue al despojarme de la pretensión, al liberarme de la forma que anquilosaba mi ser, que empecé a vivir la verdad. Y es que el valor del ser no depende de la condición de su existencia. Pero confundirlos es algo común en el mundo —de manera muy especial en América Latina—, tan común que no nos damos cuenta. Vivimos en esa confusión. Está en el aire que respiramos. Y sólo cuando nos demos cuenta de la confusión con que nos juzgamos a nosotros mismos empezaremos a valorar adecuadamente a los demás. Especialmente en América Latina, tanto a nosotros, los hijos del conquistador, como al humilde y desposeído hijo del conquistado.

El valor de la persona no radica en su condición. Radica más bien en su dirección. ¿Hacia dónde corres? ¿Hacia afuera, escapando de ti mismo, o hacia dentro, buscando tu encuentro?

El valor de la persona también puede medirse en la profundidad a la que ha quedado enterrado su ser dentro de ella. El ser es el depositario del amor y la verdad. Busca cuán hondo están enterrados dentro de ti el amor y la verdad y tendrás una medida aproximada del valor de tu persona. El valor del ser está más allá del "con qué se vive" y del "cómo se vive", y en el fondo, el único juez es Dios. A nosotros sólo nos queda amar. Amando transformamos nuestro desprecio en compasión y nuestro rechazo en caridad. Amando transmitimos valor y nos lo damos a nosotros mismos.

* * *

De regreso a Washington, luego de la entrevista en Tijuana, la compañía me mandó finalmente a la famosa conferencia Norte-Sur. López Portillo quería su asiento en el club de los ricos y su banco en el comedor de los pobres. La conferencia Norte-Sur no dejó nada. Le costó a México una millonada. Congregó a Indira Gandhi, a Fidel Castro, a Carlos Andrés Pérez, a Ronald Reagan y a cuanto líder hubiera con afán de figuración en el mundo. Fue el último grito de López Portillo antes de que se diese de cara con la realidad. Era 1981. Yo mismo vivía en esos dos mundos en más de una manera. Muchísimos latinoamericanos vivíamos así, viviendo la fantasía de estar en dos sitios a la vez. Yo era pretencioso. Creía que mi sitio en la vida estaba más allá de donde me encontraba. Nuestras sociedades son así, y eso las debilita. Pretenden ser lo que no son, estar donde no están. Es una ficción que las falsea. Proviene de nuestra duplicidad sociocultural. Somos unos pretenciosos que en alguna medida creemos pertenecer al norte desarrollado cuando en realidad estamos sólidamente sentados en el sur subdesarrollado.

Un altísimo ejecutivo de la televisión en español a nivel continental apodado "el Tigre" le dijo a una colega: "Tómalo con calma, nada con la corriente. Nosotros tenemos acceso al satélite, al cable, a CNN. Para el pueblo... telenovelas". Así me lo contó ella. "El Tigre" era uno de los convencidos de su ubicación en dos mundos. Sí, los ricos con CNN y satélites; los pobres... lo que necesitan los pobres es telenovelas.

Suya era la "concepción telenovela" que tenían los noticieros latinoamericanos de entonces y que todavía existe en muchísimos noticieros del continente en la actualidad. Es una concepción que personifica esa realidad doble de nuestros países y pretende darle vida en la pantalla: inventa una realidad que, como Pinocho, cobra vida propia.

En la concepción telenovelesca del noticiero latinoamericano de entonces, la realidad se construía de fuera hacia dentro. Se armaba para consumo público un esquema cuidadosamente estructurado y era presentado sistemáticamente hasta constituir la única representación de la realidad.

Es una práctica que maltrató tanto al de arriba como al de abajo porque falseó, debilitó y humilló. El retrato del mundo propio que presentaban los medios de comunicación era enfermizo y *enfermante* porque tergiversaba la realidad. Cuando a nuestra mujer cobriza se le mostraban diosas occidentales como heroínas, cuando nuestro hombre pobre veía sólo a personas encorbatadas como ejemplo de lo digno, ¿dónde quedaba el valor de su ser? ¿Y dónde quedábamos los de la "clase alta" cuando rechazábamos lo nuestro? Pero en fin, ese es el "discreto encanto de la burguesía" que nuestros medios de comunicación propalaban en América Latina.

* * *

Al principio de la administración Reagan ese "discreto encanto" provocaba en mí olas poco discretas de rechazo. Me jactaba de mi rebeldía social sin entender su naturaleza ni sus causas y orígenes. La marihuana se había vuelto símbolo privado de mi inconformidad.

Después de la conferencia de Cancún entrevisté a López Portillo en la Ciudad de México. Fue una de esas entrevistas amplias en latitudes y con nada de concreto en las respuestas. Aún no había desarrollado el arte de interrogar. Durante la entrevista en la casa presidencial, Los Pinos, un fotógrafo de la presidencia estuvo tomando fotos. Terminada la entrevista volvimos a nuestro hotel. Unas horas después, estando yo en el bar —¿dónde más?— con mi amigo Bill, un militar se presentó y con voz estentórea dijo: "¡Guillerrrmo Descalllzi!" El militar se me acercó, se cuadró frente a mí y dijo, siempre en esa voz alta: "De parte del presidente", y me entregó un paquete con las fotos de la entrevista.

El caso es que todos en el bar escucharon y vieron el pequeño espectáculo y más de uno debe de haber creído que Bill y yo éramos gente importante (nuevamente la confusión entre esencia y existencia). Uno de los presentes no perdió el tiempo y se acercó a ver quienes éramos. Se presentó. Era X, abogado de Los Angeles. Tenía varios negocios. Vendía en Centroamérica "avionetas de guerra" como las que yo había visto bombardear a la población civil en Matagalpa. Buscaba conexiones en Los Pinos y creyó que yo era "importante". En todo caso, no era su único negocio. También "rescataba" yates robados en Estados Unidos que eran llevados a puertos mexicanos. Los compraba y luego los revendía a las compañías aseguradoras de esos yates, ahorrándoles, nos dijo, muchísimo dinero. También proveía vuelos que llevaban cargamentos —supuse que de cocaína y marihuana— de Colombia a pistas de aterrizaje en Texas, Nuevo México y Arizona.

Así era y continúa siendo el ambiente enrarecido que gira alrededor de nuestros círculos oficiales. Se valora más la posesión que el ser. O mejor dicho, ni se les distingue. El valor del ser esta por ahí, perdido en el mar de la posesión.

* * *

Filosofía de la calle # 2

Cuando hablamos de "posesión" en términos espirituales, nos vienen a la mente figuras de alguna película de terror, de exorcismo o de ciencia-ficción, pero la posesión espiritual no tiene nada de ficticio. Es concreta y real. No es imaginaria. Es que la posesión del espíritu es a manos de la *forma*, de la materia y sus emanaciones. Somos poseídos por el alcohol, por las drogas. Por una "manera de vivir" o por otra. Por tales o cuales costumbres. Por hábitos, temores y pasiones. Por hambre, por sexo... Las cosas que nos poseen son tan reales que llegan a encerrar nuestras vidas privándonos totalmente de libertad.

Es tan común esta clase de posesión que la inmensa mayoría ni nos damos cuenta de que estamos poseídos. No nos damos cuenta porque la posesión es al revés: nuestras posesiones nos poseen. No podemos ver el bosque porque estamos atrapados en él.

Nos volvemos prisioneros de nuestras conquistas. Una persona lucha y se desvive por lograr poseer a otra sólo para convertirse en esclava de ella. Pronto la persona conquistada se convierte en tormento inaguantable. Lo conquistado se convierte en prisión y el poseedor en poseído.

Hay por eso que tener mucho cuidado con lo que se posee. De esto me daría cuenta conversando con mis amigos de la calle años después. No hablo de poseer un automóvil o una casa. La posesión en términos espirituales está en el deseo, en la obsesión con algo, es querer acaparar, controlar y monopolizar.

Ahí esta uno de los significados del maná que, nos cuenta el Éxodo, caía del cielo sobre el pueblo de Israel y que podía comerse hasta la saciedad todos los días pero no guardarse porque se malograba. Deseo, obsesión, control, acaparamiento: eso es posesión. Pudre, mata.

Años después, en mi periodo mendicante, me daría cuenta de que el error no está en la posesión titular de las cosas sino en el deseo. El deseo es de nosotros y vuelve a nosotros. Encierra. Es egocéntrico. Y la preocupación por lo que se desea mata. Esa es su característica. Separa. Aísla. Es, cuando menos, estéril. Rompe nuestra comunión con los demás. Hay que desear… poquito, con moderación.

El deseo excesivo —la preocupación con lo que se desea— mata la vida y alimenta los Goliats del alma, y como uno es eventualmente atrapado por sus posesiones hay que ser muy cuidadoso con lo que se busca poseer. Por eso hay sólo dos cosas que pueden buscarse sin temor: verdad y amor. Así, si uno llega a poseerlas, será a su vez poseído por verdad y amor… Y esta vez la posesión al revés resulta en *liberación*.

La verdad y el amor liberan. No giran en torno a uno. Nada de lo que gira en torno a uno mismo nos puede liberar. El verdadero ser —el humilde— no gira en torno a sí mismo.

Todo lo demás lleva a posesión.

* * *

Cuando vivimos para nosotros nos volvemos ególatras. Para el ególatra, el mundo gira en torno a sí mismo. El ego cubre el firmamento sobre su cabeza y la tierra bajo sus pies, y la luz deja de brillar en su mundo. Es más, el mundo y el cielo mismos se vuelven satélites suyos. Luego no sabrá como abandonar su posición central. Quedará inmovilizado poco a poco como sostén del cielo y la tierra que cree que giran en torno a él.

La actitud que uno debe asumir hacia lo que se tiene es la de administrador porque nada, en última instancia, gira realmente en torno a nosotros, ni siquiera nuestras propias vidas.

Si uno no deja de comportarse como centro de la creación se vuelve un poseído de la creación: poseído por la existencia.

* * *

Llega para mí un momento clave en el escape de la posesión. Fue a inicios de 1994. Mis posesiones eran tantas…

Finalmente había perdido el control de la bicicleta en que corría mi vida, pero no sabía cómo bajarme de ella, cómo abandonar el papel autoadjudicado de eje central de mi vida, de sostén de mi cielo y de mi tierra.

Es que el momento del desmonte es difícil porque uno puede ser aplastado. Si uno no es cuidadoso le cae encima el planeta entero que uno había estado sosteniendo en su papel de Hércules, otro de los Goliats de la antigüedad… O se le cae el cielo encima como en la historia del pollito que corría por el gallinero gritando: "¡Se cae el cielo, se cae el cielo!"

Bueno, mi cielo cayó sobre mí. Y es que era tan obvio que yo no era Hércules… pero en mi ceguera, como Sansón encadenado a las columnas del templo, lo que hice fue derribar el techo. Muera Sansón y mueran los filisteos. Esa fue mi consigna en 1994.

Lo que hice fue dedicarme a la total satisfacción de mi ego, *full-time*, a tiempo completo. Alimentarlo tarde, mañana y noche para "fortalecerlo" lo más posible, con marihuana, cocaína y alcohol. Claro, si desvanecían la inseguridad…

Y abandoné todo, *todo* lo demás. Era mi única… ¿esperanza?

Iba a dejarlo todo. Me di cuenta de eso con claridad. ¿Y saben para qué? Para no ser aplastado cuando todo cayera sobre mí. Fui el pollito que corría para que el cielo no le cayera encima. Fue el mayor de los absurdos, pero en todo caso lo hice, y así, con una *conciencia* totalmente mecánica, me fui a vivir a la calle como mendigo para "salvarme" de la caída.

* * *

Filosofía de la calle # 3

La mayor, la más profunda, la más devastadora de las posesiones es la que ocurre a manos de uno, la posesión del ego, de la persona. Es lo que se llama "egolatría". La personalidad ególatra es lo más difícil de dejar en el camino a la liberación.

Mirando para atrás parece mentira que ese fuera el inicio de mi renacer. Lo fue por una razón sencilla: al abrazar mi ego de una manera tan descarada, al menos lo hice sin hipocresía:

abandoné la mentira. Empecé a mostrar por primera vez un lado de mí que había existido desde tanto tiempo atrás que me es difícil recordar mi vida previa a ese doblez. Empecé a vivir la verdad —aunque fuese una verdad fea— y en eso estuvo mi salvación. Porque al empezar a vivir la verdad, poco a poco fue acercándose a mí y fue llenándome el amor, que es la fuerza de la verdad. Y poco a poco, a medida que empecé a vivir la verdad, la fuerza del amor empezó a borrar la inseguridad latente en mí, hasta que un día no necesité más de la mentira, hasta que descubrí que ésta había desaparecido. Además, ¿a qué más le iba a tener miedo si ya había vivido en la calle? ¿A que más le iba a tener vergüenza si ya había mendigado y comido de la basura? ¿Que hipocresías más me sería necesario esgrimir como escudo si hasta había revelado públicamente mis adicciones?

Empieza a vivir en la verdad y el amor y gravitarás naturalmente hacia Dios.

Lo harás incluso sin darte cuenta porque Dios no es un ente etéreo y amorfo. Dios tiene manifestaciones concretas: la verdad y el amor.

Empieza por cualquiera de los dos, la verdad o el amor, y el otro lado se acercará naturalmente a ti. Empieza con amor y perderás el miedo a la verdad. Empieza con verdad y empezarás a recibir amor.

Así, gradualmente, sin darte cuenta, un día dejarás de gravitar alrededor de ti mismo. Así me pasó a mí, pero me tomaría dos años de calle para hacerlo, y aunque la verdad que viví en la calle fue fea, fue verdad de todas maneras. Todo lo demás esclaviza, y por fea que fuese la verdad que viví, me liberó.

Un día desperté en mi cuarto frío, sucio y harapiento, con calor en el alma. Se había efectuado un desplazamiento masivo de lo que había en mi interior, y nunca más he sentido la necesidad de drogarme, beber o de satisfacerme a mí mismo. Vivo mi vida de acuerdo con la regla del dos: uno, la verdad, dos, el amor. Esa es la única regla que tienes que satisfacer.

Para llegar a eso hay que dejar de gravitar en torno al ego. Ese es el punto de partida. En lugar del ego colocamos verdad y amor, y como esos son atributos de Dios, lo que colocamos en el fondo de nosotros es a Dios mismo. Pero no es un Dios de fantasía. Eso es lo bello: que Dios es concreto, real, manifiesto en verdad y en amor.

Del ego viene la vanidad y de ésta derivan las ansiedades y los temores. Toda ansiedad y temor existencial provienen de la vanidad de un ser que teme "no estar a la altura de", no ser reconocido, no ser primero, eje central y motor del mundo. Lo bello de darse cuenta de esto es que facilita liberarse de la ansiedad y la angustia, del temor y el dolor que aquejan nuestra vida: abandona tu vanidad, deja tu ego atrás, y verás cómo no hay más motivo para temer, para estar ansioso, porque no importa que no seas el primero, que no seas reconocido, que no ocupes el primer lugar, el lugar central, no importa que no seas motor, que seas incapaz de mover nada. *No importa*. Lo único que importa es que vivas en la verdad y el amor. Uno atrae al otro y entre los dos, la verdad y el amor, te llenarán tanto que no necesitaras más. Porque eso es la vida del ego: un deseo de llenarse.

El ego quiere ocupar el puesto de Dios, pero no existe suficiente vino, dinero, poder, fama, droga o cosa alguna que en su suma total puedan inflarlo lo suficiente para asumir el puesto de Dios. Por eso peor ser ególatra que ser idólatra. De esa egolatría nacen los dobleces de la persona. Las vidas empiezan a torcerse, a girar en torno a sí mismas. Y empieza la mentira como patrón de vida porque no somos el centro de nuestras vidas. El objetivo de nuestras vidas no está en nosotros mismos.

Lo opuesto al amor no es el odio. Es la mentira. No se puede amar en la mentira. No se puede amar con engaño. El amor produce verdad y, de igual manera, la verdad produce amor: son complementarios. Ambos, la verdad y el amor, marcan el camino a nuestra salvación.

El año 1993 fue bueno para mí desde el punto de vista de las posesiones, y terrible desde el punto de vista de la posesión. En enero logré un nuevo contrato de trabajo de casi medio millón de dólares, por tres años. También fui a Moscú con la delegación de prensa del presidente Clinton. Estuve en reuniones en el Kremlin entre Clinton y Yeltsin. Luego fui a Ginebra, Suiza, para una reunión entre Clinton y el sirio Hafez Assad. De ahí fui a cubrir la primera rueda de las elecciones salvadoreñas, y cuando eso acabó fui a Sudáfrica. Se aproximaba ahí el fin del *apartheid* y, aunque no lo sabía, se aproximaba también el fin de mi *apartheid* espiritual.

* * *

Me iba a tirar a vivir en la calle. Me iba a volver un ermitaño. Me retiraría del mundo. Lo abandonaría todo. Me iría a vivir al desierto, ¿y dónde está el desierto de hoy sino en la calle? Viviría en la calle, comulgaría diariamente con la gente de la calle, con los borrachos, con los drogadictos, con las prostitutas, con los enfermos, en fin, con los desposeídos del mundo, con quienes nada tienen en la nada de su desierto: la calle. No había sido fácil llegar a esta decisión. Implementarla tampoco sería fácil. No sabía nada de la vida en el desierto de hoy.

Empecé por pasar unos días en un parque en el centro de Washington, Dupont Circle. Ahí, entre los adictos al *crack*, empecé a conocer la vida de la calle. Alquilé una habitación en un hotel cercano al parque, el Barcelo.

Ese primer ensayo acabó pronto. Yo no entendía muy bien lo que hacía. No entendía el comportamiento de la calle. El experimento terminó cuando un adicto del parque me golpeó con una barra de hierro y perdí el conocimiento. Me había pasado esos días fumando *crack* y el adicto me golpeó para robar mis últimos 20 dólares de *piedra*.

Pasé un mes en el Instituto para el Cambio del Comportamiento en Chicago, Illinois. Fue un mes horrible, de rebeldía total. Accedí a ir sólo para satisfacer los requisitos de mi familia, que deseaba que me "adaptase" al mundo. El centro al que fui buscaba "adaptar" a sus pacientes. Era una idea que yo veía con horror. Hubiese sido horrible, creo, si me hubiese "adaptado" porque esa adaptación, para la gran mayoría, carece de verdad. Y como yo carecía de verdad, esa adaptación hubiese sido para mí una mentira.

Uno de los lemas en el instituto era *"Fake it 'till you make it"* —fíngelo hasta que lo consigas—. Es un lema legítimo, pero que para el drogadicto o alcohólico promedio —campeones como somos del engaño— adquiere un significado distinto al que le dieron sus autores.

¿Cómo se finge? La respuesta está en otro de los lemas: *"Walk the walk and talk the talk"*, que hables el habla de los sanos e imites su caminar hasta hacerlo con naturalidad. Y, una vez más, los adictos y alcohólicos torcemos ese lema.

El índice de recuperación en ese y otros institutos similares es abismalmente bajo. Sólo cinco por ciento de quienes son dados de alta se recupera verdaderamente. Es que los alcohólicos y drogadictos somos tan incapaces de verdad… No puedes recuperarte sin verdad.

El primer paso para la recuperación es aceptarte a ti mismo como eres, así, drogadicto y todo. Es un paso riesgoso pero necesario. No puedes *fake it*, fingirlo. El engaño carece de verdad y no encuentra amor para curarse.

Me pasé el mes en Chicago bebiendo vodka secretamente y evitando ser corregido y adaptado. Hasta la fecha me parece increíble haber bebido tanto en un centro tan supervisado donde el objetivo era precisamente ponerle punto final a la bebida y a la droga. Fumé incluso marihuana… fui el héroe secreto de los demás pacientes. Elegí vodka porque es el licor que menos olor deja en el aliento.

El mismo nombre del instituto me provocaba rechazo: *Behavioral Change Institute*, Instituto para el Cambio del Comportamiento. Esto era para mí algo así como un pecado mortal y luché tenazmente contra la meta de la modificación de mi comportamiento. Yo no quería cambiar, y es por eso que no me compuse ahí. Por supuesto, no hay recuperación sin autenticidad.

Ese es el primer paso para la recuperación de drogas y alcohol: autenticidad. ¿Quieres ser drogadicto? Bien, sé drogadicto, auténticamente, sin mentiras. No esperes nuestro apoyo. Vete a vivir a la calle…pero sé auténtico. ¿Quieres recuperarte? Muy bien, recupérate, pero hazlo auténticamente, sin mentiras, sin "dorar" tu verdad.

El problema de muchos centros de reforma es que por más que traten les es difícil evitar que el paciente se engañe a sí mismo. Porque el orgullo es tal, la vanidad es tal, que pocos o nadie quieren dejar de ser quienes son, por adictos y enfermos que estén. El paciente promedio se miente y miente descaradamente a los demás. La frase *fake it 'till you make it* adquiere en esos lugares un significado distinto al que le dieron quienes la acuñaron.

La autenticidad es el punto de partida. Si el paciente en esos centros logra auténticamente rendir su personalidad… enhorabuena. Pero, ojo, la responsabilidad de la reconstrucción es del paciente.

En la reconstrucción hay que ser auténticos. ¿Quién quiere personas de plástico? Si no eres auténtico vas a estar viviendo una mentira y la mentira nunca conduce a nada. Sólo cuando el adicto empieza a vivir sin mentira puede empezar a cambiar, porque sólo se construye sobre la base de la verdad. O mejor dicho, el cambio es entonces inevitable porque la verdad es correspondida por iguales dosis de amor. Y la adicción empieza a perder su razón de ser: el vacío central del ego, el hueco negro alrededor del cual gravita la adicción empieza a llenarse de amor y verdad.

No es nada simple hacerlo. La autenticidad es dificilísima para cualquiera. Más para un drogadicto o un alcohólico, campeones como somos de la mentira. Yo en el instituto no era auténtico. Bebía en secreto, negando lo que hacía. Debo haber sido toda una pesadilla para los encargados. La mitad de los residentes en mi unidad me aplaudían y era su héroe secreto porque fui terco, rebelde, porque me resistí a adaptarme.

* * *

La reconstrucción de tu vida tiene que ser auténtica y tuya. Sin eso no habrá verdad. Sin verdad no hay recuperación que se sostenga. ¿Podrán mantenerse sanos los seres de plástico? No sé, pero lo dudo.

Lo que hay que hacer es entregarse activamente a la verdad, no amoldarse pasivamente a ella porque la verdad es viva, activa, se mueve.

Los institutos no son negativos. Es la manera como los pacientes los vemos lo que los hace negativos para algunos de nosotros. Hay una gran diferencia para aquellos que los buscan convencidos de que su solución está en ellos.

Para mí no fue así y me resistí a que se me moldeara. Lo cual también estuvo bien *para mí* porque nuestra liberación debe ser libre. Sólo en la libertad hay fortaleza. De nada vale sojuzgar al espíritu para salvar al cuerpo.

Para mí, cambiar en ese instituto era el pecado mismo, pero para otros más afortunados, no. No tienen que llegar a los extremos a los que llegué yo para matar al adicto dentro de ellos. Si lo pueden lograr en una institución, fuerza para ellos. Se evitarán mucho sufrimiento.

En las adicciones lo que está enfermo es la vida misma, y la tarea de curar la vida es eminentemente espiritual. Sin sentido espiritual se tiene poco éxito. La cura está, precisamente, en la búsqueda de lo espiritual. Y, vuelvo a repetir, esa búsqueda es concreta: consiste en buscar la verdad y el amor. Debe hacerse personalmente. Nadie la puede hacer por otro.

En mi travesía pasé por dos centros de tratamiento excelentes.

* * *

Cuando dejé el instituto de Chicago lo primero que hice fue volver al parque. Sólo veía un camino, que consistía en borrar del mapa al yo que me poseía. Ojo: no buscaba el fin de las drogas o el alcohol. No. Lo que buscaba era la *disolución* de mis problemas. Vuelvo a repetir que mi salvación ocurrió a pesar mío, porque empecé *a vivir* en la verdad y a recibir amor a cambio. La salvación es una gracia. Nos salvamos por gracia. Y para recibir esa gracia tienes que vivir en la verdad y el amor. Así de simple.

Cuando el instituto de Chicago me dio de alta volví de inmediato a ensayar la vida en la calle. Alquilé un departamento para usarlo como base de operaciones. Me fui a México a cubrir las elecciones presidenciales y me drogué tanto que la compañía (el canal de noticias NBC) me mandó de regreso a Washington el día anterior a la elección. Y de regreso a Washington no tuve cara para mostrarme en el trabajo. Había llegado al límite de lo que mi ego podía aguantar. Y es así que resolví matar a mi Sansón y mis filisteos. Y me puse a practicar.

De regreso a Washington, una noche del mes de agosto de 1994, bajé a una estación del metro en la calle Wisconsin y le cambié uno de mis trajes italianos a un pordiosero. Me puse su ropa y me fui a dormir a un parque cercano. Fue mi primera práctica *seria* de vivir en la calle. Duré como hasta la una de la mañana. Es que mis huesos no estaban acostumbrados y tuve que volver a mi departamento a pasar ahí lo que quedaba de la noche. Al día siguiente volví a vestirme de pordiosero y me fui al callejón de salida de basura de un hotel cercano, en la misma calle Wisconsin, donde se congregaban a dormir otros mendigos.

En esos primeros días yo era un mendigo de lujo. Estaba quemando lo último de mis ahorros y usando mis tarjetas de crédito hasta el límite para comprar alcohol y drogas. Los compartía con los mendigos del área y, naturalmente, me volví popular entre ellos. Aprendí así a vivir en la calle.

El cemento del callejón resultó más duro que el suelo del parque, y antes del amanecer regresé nuevamente a mi departamento. Así pasaron varias semanas.

Fue un tiempo de aprendizaje: cómo se hace para vivir sin nada. Yo, con un guardarropa de 15 trajes italianos, con camisas mandadas a hacer, con 15 mil dólares mensuales para mis gastos, había llegado totalmente desprovisto para la vida sin nada. Ah, pero tenía un gran "igualador". Tenía drogas y alcohol que instantáneamente borraban cualquier diferencia entre yo y los demás mendigos y gentes de la calle.

Digo gentes de la calle porque no todas las personas de la calle mendigan. Ahí me hermané con ladrones y prostitutas, adictos y locos, alcohólicos y homosexuales… Me hermané con quienes había rechazado en mi vida "oficial" hasta hacía muy poco. Y esa fue otra bendición para mí.

Mi persona, tan insegura que nunca pudo sentirse cómoda en compañía de otros, de pronto empezó a ver valor en esos que los demás rechazaban. Sí, empecé a identificarme. Hice amigos. Putas y ladrones, Julito el marielito, Sandrita la putita. Había uno al que le llamábamos Medio Pedo porque comía tan poco que, según decían, no era posible que se tirara un pedo entero. Dos Colones era un salvadoreño, Carlos era un vendedor de *crack* de Bolivia. Shorty era un cubano tan, pero tan bajo… Drácula era un ecuatoriano con una mueca permanente y boca desdentada de la cual solo aparecían los colmillos. Y estaban los "gringos" también, porque en el barrio hispano de Washington los gringos resaltaban. La gorda Yolanda era una americana de Miami que hablaba muy bien el español y que mantenía un sótano para la venta y consumo de *crack*. Steve y Chris eran dos hijos de la clase media-alta de Washington que hablaban perfecto francés e italiano respectivamente. Joe era un jamaiquino trastornado que le hablaba a gritos a Dios por las calles. En fin… en medio de ellos encontré mi igualdad.

Tres meses después de empezado mi experimento se me acabó el dinero. La compañía me suspendió sin sueldo cuando no volví a trabajar. El dinero inicialmente me sirvió para aceitar mi entrada a la calle. El alcohol que compraba para el grupo de vagabundos del metro cerca de mi departamento me hizo ganar su confianza.

Una noche, en medio de un ataque de hambre, hice casi sin darme cuenta mi primera incursión a los basureros. "Vamos a comer pizza", me dijo un moreno, y la sacó de la basura detrás de un restaurante.

Las pizzerías que venden por rebanada suelen mantener caliente una pizza de cada tipo hasta la hora de cierre para los últimos clientes del día. Siempre les sobra algo y muchas veces les sobran pizzas enteras. Cuando llega la hora del cierre las botan a la basura,. debidamente envueltas en sus cajitas. Este es, después de todo, Estados Unidos. Nunca, en Washington al menos, las regalaban a los mendigos porque hubiese sido atraerlos a su puerta. Las botaban. Y detrás de cada bote de basura suele haber mendigos. La pizza no puede dejarse mucho tiempo en la basura porque se impregna de olor a podrido. Hay que sacarla de inmediato.

Era, guardando las distancias, un mundo muy similar al de las guerrillas. Quizás eso me ayudó en mi adaptación. La vida en la calle era de guerrillero, y yo era experto en guerrillas. Cuando me preguntaban: "¿Cómo pudiste vivir en el mundo de las calles, no te daba miedo?", respondía: "No, ya había vivido en él".

Capítulo tres

A principios de la década de 1980 mi jefe, René Anselmo, me pidió que crease y dirigiese un programa al que llamamos "Temas y debates". Lo formé y conduje por siete años, al cabo de los cuales lo perdí.

Era un programa de corte político por el cual pasaron todos y cada uno de los presidentes de Latinoamérica y Estados Unidos. A los ricos, a los poderosos, les encantaba aparecer ahí. Mi estilo era agresivo. Los recibía con preguntas a quemarropa. Era así, agresivo, porque era la única manera que conocía de comunicarme. Quizás muchos de los que se desvivían por aparecer en el programa no se daban cuenta de que era así por defecto y no por efecto. Pero en fin, el programa tuvo éxito. En nuestro ambiente latinoamericano no había programas así de agresivos y al público le encantó. Mi programa era, como en el cuento de la Bella Durmiente, el espejo que decía a los invitados quién era el más bello de todos, pero era tan agresivo que, como en otro cuento —el de "Las ropas del emperador"— el público veía al entrevistado al desnudo. Aun así, se peleaban por estar ahí. A los entrevistados les interesaba el prestigio de haber estado en "Temas y debates". Todo presidente latinoamericano que visitaba Washington hacía llamar por anticipado para que le reserváramos espacio. Teníamos que inventar excusas para decir que no.

Era una época delicada... sandinistas y contras se peleaban en Nicaragua. En El Salvador se disputaban el control el FMLN, los escuadrones de la muerte, los demócratas cristianos y el partido del mayor Roberto D'Aubuisson, Arena. Estados Unidos había montado en Honduras la base aérea más grande de América Central, Palmerola, diciendo que era temporal. Los desaparecidos empezaban a abundar en ese país de presencias temporales. En Guatemala la población indígena estaba siendo diezmada. Costa Rica servía de base primero a sandinistas y después a contras. Y Panamá era refugio de narcotraficantes.

Así y todo, los gobernantes de cada uno de estos países se esforzaban por mostrar su belleza en nuestro espejo. En mis viajes por la región, que eran frecuentes, aprovechaba para grabar "Temas y debates" al paso. Era fácil porque el prisma del programa atraía las "verdades" que querían ser difundidas. Así conocí al general Manuel Antonio Noriega de Panamá.

* * *

Noriega era un hombre de gran vanidad. Ansiaba, como todos, dar a conocer al mundo la belleza de su persona. No era consciente de sus limitaciones ni de la imagen que proyectaba. Quería que el continente se percatase de su calidad de líder hemisférico. Era de estatura baja, fuerte, con un rostro tan marcado por el acné que le llamaban "Cara de Piña". Tenía varios fetiches.

Coleccionaba sapos de todo tipo. Grandes, chicos, de bronce, de papel. Creía en el secreto de la gran pirámide. Y controlaba Panamá con mano de hierro.

Siempre que estuve en el Panamá de Noriega, el general puso a su chofer, el sargento Crocamo, a mi disposición. Crocamo esperaba nuestra llegada en una camioneta con vidrios oscuros estacionada cerca a la pista de aterrizaje. Nos esperaba con cocaína. Solía traer dos bolsitas. "Ésta", nos decía, "es la coca, y ésta es el corte. ¿Las mezclo o la quieren pura?", tras la cual mi asistente, otro "aficionado", botaba la bolsita del corte por la ventana.

La secretaria ejecutiva del general nos invitó una vez a comer a su casa y acabamos "comiendo" coca. Ah, la coca flotaba por allá. Una amiga de la secretaria era hermana de un futuro embajador de la Nicaragua post-sandinista en Washington, y también se coqueaba hasta tener la nariz tapada. El hijo de otro embajador nicaragüense en la Casa Blanca era amigo de Fawn Hall, la secretaria de Oliver North, que se coqueaba hasta las remacetas.

Y yo ahí, adicto, como pez en el agua.

* * *

En ese tiempo, mi jefe, Anselmo, estaba por abrir un nuevo capítulo en la historia de las telecomunicaciones del continente. Había comprado un satélite de segunda mano, rechazado por quienes lo habían encargado. Lo bautizó "Pan Am Sat". Se proponía lanzarlo al espacio como el primer satélite de condominio de órbita geoestacionaria con haz panamericano. De

ahí su nombre. Había sólo un problema: no podía ponerlo en
órbita por problemas legales.

Intelsat, el consorcio de países que controlaba los satélites
de comunicación, tenía que dar su permiso para la puesta en
órbita de cualquier satélite de comunicaciones que le hiciera la
competencia. En el caso de un satélite con haz panamericano,
se requería del voto aprobatorio de siete países dentro de su
haz de convergencia. Y René Anselmo, por más que tratara lo
que tratase, no consiguió un sólo voto a su favor. Su satélite se
enmohecía en tierra. Ivan Egas, el gerente general de la estación
de SIN en Nueva York, había recorrido el continente en busca
de votos… y nada. Anselmo llamó pidiéndome ayuda.

Hice indagaciones y me enteré de un hecho interesante: seis
países de América Central votaban en bloque y el voto lo ejercía
de manera rotativa un país cada año. Ese año Panamá ejercía
el voto centroamericano a nombre suyo y de Costa Rica, Nicaragua, Honduras, El Salvador y Guatemala. Y quien decidía
el voto de todos esos países era... *mi* general, Manuel Antonio
Noriega.

El Noriega de ese tiempo era vanidoso en extremo. Se dice
que se enfurecía cuando lo llamaban "Cara de Piña". Le encantaba el respeto a su persona. Después, en la soledad de su
prisión, fue un cristiano convencido, pero las características de
su personalidad anterior hicieron de él, digamos, alguien ideal
para pedirle el voto para Pan Am Sat.

Viajé a Panamá con mi asistente. Como de costumbre, el
sargento Crocamo nos esperó con coca en bolsa. Al día siguiente,
medio destruidos, fuimos a hablar con el general. Nos esperaba

en su oficina de sapos y pirámides. Hablamos de generalidades. Nos dijo que si los gringos entraban por la fuerza, él saldría a la defensa de los sandinistas en Nicaragua. Y le pedí que en la próxima reunión del directorio de Intelsat, en Washington, Panamá votase "sí" al pedido de Pan Am Sat. Accedió, y fue así: demostró ser un hombre de palabra. Seis votos estaban asegurados. Faltaba sólo uno. Lo obtendríamos en Perú.

* * *

Ese año en Managua se adoptaría la Constitución sandinista. Estuve ahí el día de su firma. El comandante Daniel Ortega Saavedra era otro ávido participante del programa "Temas y debates". Como invitado de honor a la firma de la nueva Constitución estaba el presidente de Perú, Alan García Pérez, quien pronunció el discurso de honor en esa ocasión. Fue uno rabiosamente antiestadounidense, pronunciado con tanto brío, soltura, elegancia, emoción y lógica que quedé sumamente impresionado.

El hombre prometió luchar con los sandinistas, de cuyo lema, inscrito en su himno de entonces —"lucharemos contra el yanqui, enemigo de la humanidad"— se hizo eco. Con emoción rabiosa aseguró que los países latinoamericanos lucharían contra ese enemigo de la humanidad en su campo de batalla, el económico. Nunca pagaría un centavo de la deuda externa de Perú, aseguró. América Latina rompería las cadenas de su esclavitud. Tenía visiones de ser el libertador Simón García.

Era una época en que en Latinoamérica se estaba formando un gelatinoso eje de rechazo a los males reales e imaginarios de

Estados Unidos. Era el eje de Panamá, Perú, Nicaragua y Cuba, como cuatro elefantes balanceándose sobre una telaraña.

Noriega había estudiado en Perú. Los cuatro gobiernos decían admirarse mutuamente: "¡Oh, qué maravilloso que eres!" Había cierta competencia por ver cuál sería el líder post-Fidel de la nueva izquierda. La figura de Hugo Chávez no había aparecido en el horizonte, y las que había no podían ser más disímiles: Manuel Noriega, Alan García, Daniel Ortega y, por supuesto, Fidel. Los cuatro, por diferentes que fueran, acabaron compartiendo como jefes de Estado esa característica de querer "ser algo". Ah, vanidad, vanidad. Todos querían ser hijos de algo y se creían revolucionarios, a su manera.

Por eso nuestros líderes han tenido que "comer" muy rápido. Sus mordidas en el poder son responsables de una buena parte de la pobreza de nuestros pueblos… y la mordida de García parece haber sido descomunal.

* * *

Mi jefe, René Anselmo, con exquisita percepción del espíritu humano, vio con toda claridad la naturaleza de Alan García y dijo: "Ahí, ahí esta el voto que nos falta". Después de la promesa de Manuel Antonio Noriega aún nos faltaba un voto, y Anselmo hizo a García una oferta que no pudo rechazar. Le regaló —por un sol— un transponedor, un condominio del edificio satelital.

El satélite Pan Am Sat era algo así como un andamio o una plataforma. Amarradas en él habían muchas estaciones de transmisión llamadas transponedores. Cada transponedor es en sí un minisatélite. Es decir, mientras un satélite antiguo era como una casa, Pan Am Sat era como un edificio de departamentos. Pan Am Sat era el primer satélite de condominio en el continente y Anselmo le regaló un "departamento" a García.

Anselmo viajó a Perú y entregó a García un transponedor por un sol. Claro, el truco era que el satélite no estaba en órbita y se necesitaba un voto más, cosa que García inmediatamente garantizó. El día de la votación en Intelsat Washington, el delegado de Manuel Antonio Noriega votó los seis votos de América Central a favor de Pan Am Sat y el de Perú hizo lo mismo. La puesta en órbita de Pan Am Sat había sido aprobada por el consorcio internacional. Perú era copropietario de este satélite de condominio.

Años después, el recién electo presidente de Perú, Alberto Fujimori, efectuaba su primera visita a Washington como mandatario. En su comitiva de prensa llegó un antiguo alumno mío de cuando yo era profesor en el colegio Santa Margarita, en Lima, Perú. Mi ex alumno me pidió ayuda para conseguir un satélite que transmitiera su material a Perú. ¿Qué habría pasado con el condominio del satélite Pan Am Sat?

* * *

América Latina perdió mucho a manos de su izquierda. Perdió muchísimo también a manos de su derecha. En América Latina, izquierda y derecha son brazos divorciados que tiran cada uno para su lado y destrozan entre sí al cuerpo que las sostiene. Es el caso de Nicaragua, donde sandinistas, contras y recontras arrastraron al país a través de su propia versión de la Guerra de los Cien Años. Latinoamérica está en esa etapa del desarrollo político-social de Europa: la Edad Media, donde las guerras feudales fueron como las de hoy entre izquierdas y derechas latinoamericanas. Y es que el error suyo es igual al del feudalismo: giran en torno a sí mismas, sólo ven su interés, se olvidan del ser del que emanan, y acaban produciendo en él una división, una esquizofrenia que no tiene visos de acabar. Como la gallina cuyo cuerpo sigue corriendo cuando le han cortado la cabeza, derechas e izquierdas siguen atacando el cuerpo destrozado del que salen sus cabezas.

El remedio no está en "librar la batalla que acabe con todas las batallas". El remedio es el mismo que en el nivel personal: aceptar su propia naturaleza, aceptar su ser tal y como es, cuidar de él con respeto. Es abandonar las pretensiones de arriba y de abajo, los juegos y las movidas de izquierda y derecha, aceptar la realidad de su composición humana tal como es, sin ilusiones, desprecios, temores ni ansiedades. El remedio está, en suma, en ser *reales,* en acabar de una vez por todas con la esquizofrenia social latinoamericana que destroza su composición humana.

* * *

En 1989, los campos de batalla centroamericanos no habían agotado la región sólo porque la capacidad de sufrimiento del ser humano es aparentemente inagotable.

De los ríos de sangre surgieron hombres que empapelaron la situación. Son herederos de la tradición diplomática latinoamericana. Uno de ellos fue Oscar Arias Sánchez, dos veces presidente de Costa Rica y premio Nobel de la paz.

Arias congregó a los mandatarios centroamericanos en Esquipulas, Guatemala, y luego de reuniones en diversas localidades sacó como mago los tratados de paz de Esquipulas.

Eran reuniones como seguramente fueron las de Versalles hacen más de 200 años, con cantidad de poses, pero entre todas brillaron Oscar Arias como el director de orquesta, Napoleón Duarte como el sastrecillo valiente, y Daniel Ortega como Daniel el Travieso.

Napoleón… Napoleón Duarte siempre me inspiró respeto. La pose de sastrecillo valiente le caía casi natural. Se creía el sastrecito valiente y quizás lo era. No aspiraba a más.

Y Daniel… Daniel Ortega nunca pensó que se iba a ver arrinconado entre la pluma y la pared, pero tuvo que estampar su firma sobre los tratados. Fue por lana y salió trasquilado; pensó que podía hacer travesuras pero se las hicieron a él.

En todo caso, todos —incluso Duarte— tenían un gran afán de ser protagonistas de la historia. Es una actitud que se extiende a través de las capas del poder en América Latina. La pose. La pose hace que la diplomacia latinoamericana represente algo que muchas veces no existe, y convierte muchos de sus esfuerzos en ejercicios de vanidad. El humanismo diplomático latinoamericano se lleva así, como medalla colgada del cuello. Un ejemplo es la Organización de los Estados Americanos, la OEA.

En las calles de Washington tenía yo un amigo, el Cojo, para quien la OEA era la representación de todo lo que andaba mal en el continente. No era en realidad cojo sino más bien paralítico. Había quedado así por una herida de bala, y todos los fines de semana se los pasaba sentado desde temprano en su silla de ruedas en el "parque de las ratas". Ahí, sentados los dos, empezábamos nuestros sábados y domingos tomándonos una botellita de vodka con café hirviente y harta azúcar. Al poco rato se nos iba a la cabeza y parecía salirnos vapor hasta por las orejas. Pero eso era los fines de semana.

De lunes a viernes, el Cojo se los pasaba sentado ante la puerta de la Organización de los Estados Americanos en una protesta muda contra el bastión de la diplomacia hemisférica. La bala de un diputado de su país, más de 15 años atrás, le había cortado la médula espinal. El Cojo tuvo que huir de su país para salvar su vida y llegó así, en silla de ruedas, a Washington, donde planteó una queja ante la comisión de derechos humanos de la OEA. Se encontró con una pared de silencio. Y se encontró también con que las violaciones a los derechos humanos a nivel continental son, mientras más masivas, más inexplicablemente pasadas por alto por la comisión. ¿Qué de las masacres campesinas en tantos países, de los desaparecidos en el Cono Sur, de la prisión del pueblo cubano, de los robos de miles de millones a los pueblos latinoamericanos por parte de los políticos que los gobiernan? Todo eso bien, gracias, en la comisión de derechos humanos de la Organización de los Estados Americanos. El Cojo había encontrado una razón para su vida de inválido: de lunes a viernes se dedicaría a una protesta silenciosa ante la organización interamericana. Y eso es lo que hacía.

Los fines de semana generalmente ni él ni yo dormíamos. Empezábamos la tarde del viernes, una "buena tarde" en la calle porque se llenaba de gente en busca de diversión y había mucha oportunidad de hacer dinero. Así, la gente de la calle en la Columbia Road siempre se amanecía los sábados. Y los domingos también, porque las noches de los sábados eran iguales. Dos noches sin dormir para luego caer exhaustos los días lunes. Y las amanecidas de los sábados y domingos siempre acababan con el Cojo y yo bebiendo de nuestras botellitas de vodka y nuestras tazas de café compradas a un salvadoreño que se paraba en la esquina del 7-Eleven en una calle cercana, vendiendo licor fuera de horas a los "muchachos de la mara".

Las noches de viernes y sábados, y gran parte de las demás, las pasábamos reuniendo centavo tras centavo hasta tener lo suficiente para comprar una piedrita de *crack*. Y tan pronto juntábamos la mágica cantidad, carrera a la Polvosa, una cancha de futbol en una escuela de la calle 16, en cuyas esquinas vendían *crack*. Después de eso, a fumar, y terminado el vacilón, de nuevo a reunir dinero para otra piedrita. Así se pasaban los días, con trago entre piedra y piedra para "fortalecer el cuerpo". Y sólo al final de varios días, ya rendidos, dormíamos.

En la calle, como en todo, se tienen rutinas. Una de ellas era dormir sólo después de haber acabado el último centavo. Nadie se iba a dormir con dinero. Hubiese sido para nosotros una insensatez. El resultado es que siempre teníamos algo urgente que hacer tan pronto nos despertábamos: buscar el pan de cada día, que en mi caso era el primer vodka con café. Y luego la tarea urgente era reunir ocho dólares para la primera piedrita. Los sábados y domingos eran días buenos porque siempre amanecía con vodka y piedra: no nos habíamos ido a dormir. El público estaba en las calles.

Los vagos solíamos tener "clientes especiales", personas que siempre nos daban por una u otra razón. Yo tenía *muchos* clientes especiales que me daban 5, 10 o 20 dólares, y por eso los demás me veían algo así como el príncipe de los vagos. Se pegaban a mí, entre otras cosas, porque conmigo había para lo mínimo. Otros, Steve, Sandra, Chris, Medio Pedo, Guajiro… también por pasar las noches y los días en conversación. Noches y días eran todos los mismos: reúne, reúne, bebe, bebe, fuma, fuma. Y entre una cosa y otra, conversa, conversa. Eso sí, éramos campeones de la crítica filosófica. Era como si fuéramos alumnos en alguna universidad selecta y no vagos de la calle con olores que debieron ser indescriptibles pero que nosotros no percibíamos. Recuerdo haberme bañado sólo tres veces en casi dos años. Medio Pedo tenía una teoría: que a nadie molesta el olor de su propio pedo. ¿Será así? No sé, pero ése, por ejemplo, fue uno de nuestros temas de conversación "profunda".

En mi experiencia, la madrugada es la mejor hora para filosofar de esa manera. El atardecer es la peor. Hay una cierta frescura en los amaneceres… tiene uno menos recelo, el resentimiento parece haberse dormido. Los amaneceres son buenos con el mendigo. Después de todo, el mendigo es el hijo que lo espera de pie cada día.

El Cojo y yo éramos mendigos del amanecer. Yo llegaba al 7-Eleven, la tienda de 24 horas, a eso de las cinco de la mañana, cuando empezaban a llegar trabajadores en busca de café y pan. Generalmente ya para las seis tenía 10 dólares: 1.90 para mi café y mi botellita de vodka Velikoff y 8 para la primera piedra del día. Y compartía… compartía con otros menos afortunados que llegaban urgidos de su dosis para calmar sus nervios.

Una de mis rutinas en la madrugada era frecuentar a los borrachos locales. Algunos se despertaban necesitando licor inmediatamente para poder funcionar. Alfredito, a quien por su aspecto le decíamos "el Chupacabras", Chuleta y el Artillero, eran algunos de los que venían todas las madrugadas a la misma esquina buscando el trago o el humo salvador. El Cojo era otro. Sábados y domingos ya teníamos nuestro licor listo a eso de las cinco de la mañana, comprado de nuestro "agente" local en la misma esquina del 7-Eleven. El "agente" siempre llevaba su carga de vodka en sus espaldas, en un morral. ¿De dónde conseguiría el Velikoff de 1.90?

Y así empezaba mi rutina, en la madrugada con los borrachos y luego, hacia las 10 de la mañana, me iba con los adictos.

Hay tanta desesperación en la calle… y nadie más desesperado que el adicto al *crack*. Todos, absolutamente todos, se pasan el día en lo mismo: salen de sus escondites a buscar la manera de conseguir sus ocho dólares para su dosis mañanera y luego, de vuelta a la cueva, a fumársela. Tan pronto se inhala el primer *toque* le entra a uno tal paranoia que es difícil describírsela a quien no se haya metido droga: uno ya está con todos los sentidos de punta, viendo policías y enemigos hasta en las sombras. Cualquiera pensaría que eso fuese suficiente para persuadir al adicto a abandonar su hábito, pero es tan enferma la adicción que sabiéndose uno preso de delirios por su causa, aun así quiere continuar con su droga. Es que para el adicto *cualquier cosa* es preferible a la normalidad. El adicto carece de amor a sí mismo porque carece de verdad. O quizás sea al revés: carece de verdad porque carece de amor a sí mismo. Es lo mismo. El hecho es: no se ama. El adicto *no se ama*. Y *carece de verdad*. Esa es la raíz de toda adicción.

Paradójicamente, siempre tuve alegría en la calle porque supe dar, y es tan difícil dar en la calle como en un palacio. Yo sentí alegría compartiendo mi miseria con los demás, sin juzgar. Y es tan difícil compartir la miseria como la riqueza. Compartir me ayudó mucho porque, como dice un vals peruano:

> *Qué triste amada mía los días amanecen,*
> *qué lentas son las horas que estoy lejos de ti.*

Para el *pipero*, la piedra es su amante y la tristeza su ausencia. La droga es un amante que se extraña, difícil de abandonar. El pipero roba, se prostituye, mendiga, hace cualquier cosa por su piedra. Compartirla con otro es compartir su tesoro… Creo que por eso encontré alegría: porque por adicto que fuera, compartía mi tesorito, y eso agradaba.

Yo era bueno para mendigar. El público me conocía de mi vida anterior ante las cámaras de televisión y para eso de las 10 de la mañana ya había reunido unos 20 dólares. Con ellos solía comprar una piedra "de a 20" que fumaba con Sandrita, Venezuela, Chapin y otros. No todos eran piperos. Guajiro, por ejemplo, y el Cojo, eran exclusivamente borrachos.

Cuando escribí esto, Venezuela estaba por cuarta vez en una cárcel de Miami a donde vino siguiéndome. Trató de dejar el vicio sin éxito, quizás porque es constitucionalmente incapaz de decirse la verdad a sí mismo. Y sin verdad no hay curación.

La luz no brilla en la mentira. Su primer arresto en Miami fue vendiendo piedra falsa, lo cual lo indignó: dijo que no tenían derecho a arrestarlo porque sólo estaba *estafando* a otros adictos; no estaba, dijo, *vendiendo crack*. La última vez lo arrestaron manejando un carro robado.

Sandrita entró a una etapa fuerte de prostitución de la cual ya salió y está haciendo esfuerzos por mantenerse sana. Alejandra, otra adicta, entró en una rehabilitación de prostitutas cerca a Orlando, Florida, pero recayó.

Lo mismo con Guajiro. Tuvo que pasar por cinco, seis rehabilitaciones antes de parar para siempre. No sé, a veces me da tristeza no estar con ellos, pero sé que mi camino ya no está ahí. Cometería un crimen si recayese.

* * *

La Organización de los Estados Americanos no ha realizado en las últimas décadas una acción que fuese más allá de la "inspección" y la "mediación" ante los graves hechos sucedidos en el continente. Los prohombres de nuestra diplomacia han pasado las últimas décadas tejiendo floridos conceptos verbales, agradeciéndose unos a otros la cortesía de su ilustre contribución en el augusto foro de la OEA, sin llegar a resolver una sola de las críticas situaciones del continente.

La OEA era el chiste local entre la prensa de Washington. Cada vez que convocaba a una reunión se sabía de antemano que empezaría unas horas más tarde de lo programado. Y se sabía que habrían montañas de papel para imprimir decenas de discursos, así como que al final no quedaría nada más que esas mismas montañitas de papel impreso. ¿Reunión de la OEA? Olvídate de volver a tiempo para el cierre de la edición: eso es lo que pensaba el periodista que debía cubrir alguna cita de la organización.

La OEA no resolvió nada cuando en Chile y Argentina desaparecía gente a diestra y siniestra. Fue igualmente inútil cuando Inglaterra llevó su flota a las islas Malvinas en violación de la doctrina Monroe de "América para los americanos". Cuando la agresión extracontinental fue doctrinaria, como en el caso de la importación del marxismo a Cuba, la OEA también fue incapaz de hacer nada. Cuando el general Noriega llevó a su Panamá querido al borde del abismo, la OEA brilló haciendo lo que usualmente hace: viajes de inspección y mediación. ¿Las amenazas de las FARC en Colombia? Bien, gracias. Y Chávez en Venezuela? Bien, también.

* * *

Recuerdo el caso de Haití.

Fue típico de América Latina cuando en el empobrecido y terrible Haití, el general Raoul Cedras efectuó un golpe de estado y derrocó al primer gobierno electo democráticamente en la historia de su país.

La Organización de los Estados Americanos inmediatamente organizó un viaje de inspección *in situ* a Puerto Príncipe. Se trataría no sólo de una inspección sino de una mediación para convencer al general Cedras de que abandonara el poder y lo devolviera al legítimo presidente, Jean-Bertrand Aristide.

El gobierno de Canadá prestó un avión militar para transportar a Puerto Príncipe al grupo diplomático de la OEA. Acompañó a la delegación la entonces ministra de relaciones exteriores de Canadá. La presidió el entonces secretario general de la OEA, Joao C. Baena. Y estaban presentes todos los miembros de la comisión especial para Haití, compuesta por embajadores de varios países. Yo iba a bordo con mi camarógrafo, Víctor Manuel Ulloa.

Después de varias horas de vuelo el avión descendió sobre Puerto Príncipe. Había nerviosismo en la cabina de pasajeros. Se hablaba de "los peligros de guerra", de los "sacrificios de los diplomáticos".

Yo, que acababa de regresar a Estados Unidos después de un año de guerra en el Golfo Pérsico, creía estar acostumbrado a esos peligros y sacrificios. Nuestra llegada al aeropuerto de Puerto Príncipe fue en una tarde de calma adormecedora. El calor era agobiante. Nada se movía. La misión de la OEA descendió las escalerillas del avión y en fila india fue llevada a una salita a donde después de un largo rato llegó el general Raoul Cedras. El general los hizo esperar. Llegó tarde, con un grupito de soldados que se quedó a disparar sus fusiles al aire en la pista de acceso al aeropuerto. Quizás fuese para intimidar a la misión, o quizás simplemente porque así era el Haití del golpe de Cedras. El hecho es que, asustados y temiendo por sus vidas, los miembros de la misión volvieron a la carrera al avión, precedidos por el secretario general. Cerraron la puerta y en pocos minutos estaban en el aire rumbo nuevamente... a la civilización.

Mi camarógrafo y yo nos quedamos en la pista del aeropuerto, con la boca abierta viendo el espectáculo de los diplomáticos corriendo ante unos soldados que a la distancia disparaban al aire. La situación hubiese sido verdaderamente cómica de no haber estado en el trasfondo el sufrimiento del pueblo haitiano.

Los soldados se quedaron riendo a carcajada limpia. Mi camarógrafo y yo nos quedamos un mes en Haití documentando lo que pasaba. En cuestión de minutos, con unos cuantos disparos, habían provocado la estampida de la misión.

En las calles de Washington, de vez en cuando caminé desde la Columbia Road hasta la OEA, empujando al Cojo en su protesta callada contra la ineficiencia de la organización.

El ejercito de Haití, que jamás había estado equipado con fusiles de repetición, recibió modernos Uzis israelíes en los días anteriores al golpe. El cargamento de Uzis había llegado por vía marítima a Puerto Príncipe.

Jean-Bertrand Aristide tenía reputación de izquierdista y la derecha había resuelto sacarlo, con la venia de los organismos de inteligencia de occidente. Si las armas para el golpe venían de Israel, la Agencia Central de Inteligencia de Estados Unidos debía saberlo. Me enteré de todo esto mientras me albergaba cómodamente en el hotel Montana, que dominaba desde la altura la miasma de Puerto Príncipe. Quizás por eso fue tan difícil devolverle un gobierno civil a Haití.

Al cabo de un mes en Haití la compañía alquiló un Learjet para recogerme y llevarme de regreso a Estados Unidos. De vuelta en Washington me entrevisté con el presidente exiliado de Haití, Aristide. El hombre había cifrado sus esperanzas en la OEA. Sus ilusiones se despejarían muy pronto. La OEA no hizo nada efectivo. Detrás de la gran maraña de su "nada que hacer" aparece una mano que tira la piedra y luego pregunta quién fue. Así fue en el caso de Haití.

Vez tras vez pidió Aristide el apoyo interamericano para acabar con el régimen de Cedras. Vez tras vez se produjeron viajes de la misión especial de la OEA. Vez tras vez Estados Unidos prometió todo su apoyo a Aristide… y nada.

Es que había un secreto a voces: "Aristide es un izquierdista", "Es mejor un dictador de derecha que uno de izquierda", y "Del comunismo nadie se repone". Y así, con esa duplicidad tan propia a la naturaleza humana, el caso de Haití quedó sin encontrar respuesta a manos de la Organización. Sólo un cambio de gobierno de Estados Unidos, la llegada de Bill Clinton, pudo finalmente sacar a Cedras, y fue en las Naciones Unidas, no en la OEA, donde se encontró el arreglo.

Es la misma Organización que nada pudo lograr en América Central. Finalmente, fueron los propios presidentes centroamericanos, en sus reuniones del tratado de Esquipulas, los que consiguieron hacer algo.

La reunión final en la serie de Esquipulas se efectuó en Guatemala. Los tratados estaban preparados y sólo faltaban sus firmas. La derecha apostaba a que los sandinistas jamás los firmarían y así quedaría "legalizado" el derecho de los contras a entrar a Managua a sangre y fuego. La izquierda, esquizofrénica también, quería ser aceptada en el club de la derecha sin perder su asiento en el de la izquierda. Por eso cooperaba.

El resultado es que no se sabía qué harían los sandinistas. Se portaban como la mujer querendona, que cuando decía no insinuaba un sí, y como la novia esquiva que cuando decía sí actuaba como si fuera no. Eso precisamente es lo que dije en un extenso reportaje que transmití por satélite desde Guatemala hasta el centro de transmisión de la rebautizada Univisión en Laguna Nigel, California. Lo hice parado frente al hotel donde se celebraba la reunión y donde estaba alojado el comandante Daniel Ortega Saavedra. "Los sandinistas", dije en mi transmisión, "son la novia esquiva de esta boda. ¿Darán el sí, o no?"

Después de la transmisión, Manuel Espinosa, encargado de prensa de Ortega, me adelantó que el comandante había decidido dar el sí, demostrar su integridad. Firmaría, me dijo, los tratados. Correspondería a la derecha probar su veracidad. Ortega fue en esto un hombre de palabra. Sus errores podrán haber sido muchos, pero fue de palabra. Los sandinistas se comprometieron a celebrar elecciones limpias y supervisadas. ¿Por qué? Quizás porque en el espejo en que miraban sólo veían su propio reflejo y pensaron que en Nicaragua no habría nada más que sandinistas… Ambas partes "jugaron" a los tratados como quien juega al póquer, tratando de espantar al contrario.

Mientras tanto, había ocurrido otra revolución, esta vez en mi propia cadena de televisión. Mi transmisión desde Guatemala no fue enviada a nuestra central de satélites en Miami.

SIN se llamaba ahora Univisión. Emilio Azcárraga Milmo, el "Don de la Telenovela", había restablecido su control sobre la televisión en español en Estados Unidos. La advenediza Univisión formaría parte del imperio de Televisa, su cadena. Para esto había mudado los cuarteles generales de Univisión de la cubana Florida a la mexicana California.

Azcárraga anunció que llevaría de México a Jacobo Zabludovsky como jefe de noticieros de Univisión. El nombramiento de Zabludovsky, periodista con reputación de "alineado", fue recibido con horror por el plantel de Univisión.

El periodismo de Televisa bajo Zabludovsky difería en estilo y en sustancia del practicado en Estados Unidos. Para empezar, se presentaba la "visión telenovela" de la realidad. Se admitía sólo lo oficial. Se tamizaba todo con el filtro de lo aceptable. Y se creía que esa imagen "guiaría" la realidad hasta moldearla. *Fake it 'till you make it...*

Los periodistas de Univisión reaccionaron con prontitud. Se fundó un nuevo grupo, HBC, predecesor de Telemundo. Azcárraga, "el Tigre", vio en esto una reacción "cubana" a su cadena "mexicana" y de ahí la decisión de mudar la sede central de Univisión de Miami a Los Angeles. La movida no funcionó por varios motivos.

Miami, para empezar, es una ciudad latina, americana y latinoamericana. Aquí se conjuga el corazón latino con la mente estadounidense, y ambos se respetan mutuamente. Los negocios se manejan con la eficacia americana. La vida se conduce con el corazón y el idioma latinos. Estados Unidos será el motor que mueve al mundo, pero aquí en Miami ese motor tiene corazón latino... No es así en Los Angeles.

Con aproximadamente unos 44 millones de hispanos, Estados Unidos es uno de los países latinos más grandes del mundo, y Miami tiene un corazón palpitante de latinismo. Aquí, tener corazón latino no es un orgullo: es lo normal. En California y el suroeste de Estados Unidos, el latinismo todavía es cuestión de orgullo porque su presencia todavía es objeto de debate. No es normal.

Dicen que el idioma encierra el corazón de un pueblo. El idioma transmite su sentir, su imagen del mundo, su manera de vivir. Uno vive encasillado por limitaciones idiomáticas. Para utilizar una palabra de la informática, el lenguaje nos "formatea".

En Miami, el espíritu latino vive con lozanía porque su co-razón —el idioma español— es el de todos los días. En el café, el supermercado, la gasolinera, el departamento de vehículos automotores, en donde uno esté, ahí el español es el primer idioma y el que lo habla se reviste de su dignidad. No así en California.

En California, el idioma español todavía vive oculto en los barrios y en los valles. Cuando se habla se hace en voz casi baja, y en consecuencia el latinismo californiano es de espíritu no tan lozano. Ahí no hay duda de quién rige: el imperio inglés. California, cuna de incontables movimientos antiinmigrantes, de propuestas para hacer del inglés el idioma único, es un lu-gar donde la hispanidad todavía se defiende porque está bajo ataque.

En Florida se rescata la sufrida dignidad latina del sur de la frontera. En California se le reprime, se le niega la entrada. Y a pesar de tener mayoría mexicana en muchísimos de sus condados, es una mayoría cuyo formato, el idioma español, es doblegado por quienes manejan la maquinaria.

La mudanza a California impuesta por Azcárraga estaba destinada al fracaso por esa razón: la lozanía del idioma simplemente no esta ahí.

El tigre, para escapar del cubaneo miamense al que culpaba de sus problemas, se había mudado al mexicanismo de California donde el corazón hispano es víctima de ataques repetidos. El Tigre se dio cuenta del error… y volvió a Miami.

* * *

Mientras tanto, los tratados de paz de Esquipulas habían sido firmados en Guatemala. Yo había sido testigo no sólo de esa histórica ocasión sino de todo el proceso conducente a ella. Me enorgullecía de mi papel. Creía haber servido de instrumento para la paz mostrando lo que ocurría. No sé si mi percepción fue correcta.

Un cuento del alacrán y el sapo.

Un alacrán quería cruzar el río pero no podía hacerlo porque no sabía nadar. Le pidió al sapo que lo transportara en sus espaldas. "Pero tú estas loco", le dijo el sapo. "Todo el mundo sabe que eres un alacrán y me vas a picar." "El loco eres tú", contestó el alacrán, "si te pico te hundirás y me ahogaré. No me conviene picarte." El sapo lo pensó y se dio cuenta que el alacrán hablaba con sensatez. Lo subió a sus espaldas y salto al río para cruzarlo. Estaba ya a medio camino cuando sintió el aguijón del alacrán en su espalda. Empezó a hundirse y entre las burbujas, con un gran esfuerzo, le pregunto al alacrán: "¿Por qué?" "No lo pude evitar", respondió el alacrán. "Picar está en mi naturaleza."

Mi naturaleza era, no sé, "bicicletera". Así pues, cuando se firmaron los tratados de paz de Esquipulas mi primera reacción fue salir… Había que salir al campo de batalla a ver si en verdad eran implementados.

Llegué a Managua y de ahí, con un camarógrafo local y un sonidista mitad indio misquito y mitad chino, me fui al río Coco. En las cercanías de una localidad llamada Wiwili escuché el retumbar de armas de gran calibre. Las explosiones venían de dirección de las montañas de Pantasma, al este de Wiwili.

Decidí ir a ver qué pasaba. El retumbar venía de la cima de las montañas y la única manera de llegar ahí era a lomo de bestia. Alquilé cuatro mulas. Cuando aparecieron ya era demasiado tarde en el día y decidimos dormir esa noche en un corral de vacas. Esa noche me desperté con un sueño erótico: una garrapata se había colocado sobre mi pene y me estaba chupando la sangre… ¡ahí!

Temprano al día siguiente subimos la cordillera de Pantasma. Hacia el atardecer, cerca a la cima, tropezamos con tres batallones ligeros de la infantería sandinista, de 15 hombres cada uno, justo cuando una brigada de la contra había caído sobre ellos en un ataque con granadas RPG. Las RPG o granadas chinas se disparan desde un tubo que se lleva al hombro. De los 45 integrantes del batallón de lucha irregular sandinista, 11 murieron en el ataque y 18 quedaron heridos. A mi equipo no le pasó nada. Perdimos las mulas, que se utilizaron para transportar a los heridos más graves.

Me encontré así de pronto en el ojo de un huracán de fuego. En un momento había estado en una apacible calma meciéndome con el andar de mi mula y en otro estaba arrastrándome por el suelo hacia un lugar del que no venía ruido, hasta que de pronto, delante de mí, vi un cadáver fresquecito del cual sólo quedaba la mitad del cuerpo, de la cintura para abajo, con el espinazo íntegro sobresaliendo como fierro clavado en la cintura. Así, en un abrir y cerrar de ojos, me di cuenta de que estaba en terreno minado. El cuerpo no dejaba lugar a dudas. Hacía unos minutos ese soldado había corrido a ese lugar de silencio aparente sólo para caer víctima de una mina saltarina, de esas que explotan al nivel del pecho. Por eso los contras no cubrían esa zona... y ahí era a donde había ido yo. Se me pararon los pelos de punta. Me congelé. Y así, mientras continuaba la batalla, me di la media vuelta y volví sobre mis pasos. Cuando regresé ya todo había terminado. Los contras se habían retirado pero estaban en las inmediaciones. Se escuchaba el ruido que hacían de lejos.

Los sandinistas planearon una retirada inmediata y yo me fui con ellos. No me quedaba otra. Los sobrevivientes, machete en mano, cortaron varas de árboles delgados y fuertes y amarraron a los muertos en ellas con soguilla. Para los heridos graves se unían dos palos. Salimos así, cargando muertos —los llamaban "piras"— y heridos. Al inicio ayudé a cargar a un herido pero tropecé y el pobre herido... Cambié de puesto para transportar a un muerto. Sufriría menos en mis manos.

La zona donde ocurrió la emboscada está en la frontera con Honduras. Este nombre describe perfectamente la geografía del lugar: es una sucesión interminable de montañitas separadas por honduras de 100 ó 200 metros. Es un lugar de paisajes hermosos. Para mí, cargando un cadáver, se volvió una pesadilla. Me resbalaba en los descensos y me tropezaba en los ascensos. Afortunadamente, todo el grupo paraba en las cimas para reagruparse y yo aprovechaba —junto con los demás— para tirarme al suelo. Usaba el muslo del cadáver como almohada y en una ocasión me quedé dormido sobre él.

La retirada la efectuábamos a paso forzado. Existía el temor de caer en otra emboscada. Nos dirigíamos a un cuartel sandinista en Las Segovias, al otro lado de las montañas de Pantasma, opuesto a Wiwili. La marcha forzada duró toda la noche. Hacia el amanecer llegamos a nuestro destino.

Tras un descanso volvimos a donde alquilamos las mulas, ubicamos nuestro vehículo y volvimos a Managua. Llamé a Miami y tomé el siguiente avión.

A mi llegada a casa me esperaría una batalla más.

Capítulo cuatro

Mi regreso a la normalidad después de la emboscada en las montañas de Pantasma fue mucho más difícil que la misma emboscada. No me di cuenta de cuánto me había afectado la experiencia. Lo más difícil fue el esfuerzo físico de la odisea. Emocionalmente me mantuve intacto. Recuerdo que en la interminable serie de hondonadas por las que tuvimos que pasar siempre fijaba mi voluntad en subir la cuesta frente a mí y me olvidaba de las demás. En Alcohólicos Anónimos llaman a eso "un día a la vez". Para mí la retirada fue "una cuesta a la vez". Emocionalmente, mientras escapaba al peligro, estaba entero. Físicamente estaba mal.

Mi condición de alerta emocional y agotamiento físico empezó a cambiar durante el vuelo a Washington. Dormí la mayor parte del tiempo. Cuando finalmente descendí sobre la capital miraba al mundo como desde el interior de una nube. Había una barrera de por medio, algo que me insensibilizó y me impidió actuar con fluidez. Había entrado en una depresión caracterizada por una gran lentitud. Era como uno de esos sueños en cámara lenta... Y me salió un tremendo resentimiento hacia todo. Fue como si algún instinto me hubiese mantenido alerta y bien durante el peligro físico, pero tan pronto estuve en terreno seguro, me desplomé.

El cuerpo me dio hasta llegar a casa, en uno de los suburbios de clase media-alta de Washington. Una vez ahí me paré en las escaleras de entrada sin poder entrar. La escena está grabada en mi mente. Lo peor es que mi esposa no solo no entendía sino que no le importaba lo que me sucedía. No pertenecíamos al mismo mundo. Nos habíamos casado a principios de la década de los ochenta por una afinidad en la falta de balance.

Yo era como una pirámide invertida: la cúspide reposaba en el suelo mientras la base se balanceaba en las alturas. Yo era una cabeza desligada de su sentimiento. Había un divorcio entre lo afectivo y lo cerebral: era mi manera de sobrevivir. Lo afectivo lo tenía ahogado en droga y alcohol. Lo cerebral muy bien, gracias. Cada vez que mi estrecha base emocional temblaba, mi amplia cúspide cerebral se tambaleaba. He visto gente que encuentra la salida en episodios de rabieta. He visto adultos hacer pataletas de niño. Mi salida emocional fue otra, la del ahogo; no sabía que otro desahogo tener. Crecí con el adagio de la burguesía: sé discreto, sé controlado. Y discreto y controlado fui hasta el punto que me perdí en una selva de discreción y control. Ese es otro de los significados de "renacer": superar las circunstancias de nuestros orígenes. Superar esto me fue muy, pero muy difícil.

Crecí en una vida rodeada de tanta discreción y tanto control que sólo pude salir de sus moldes en explosiones de pérdida de control. La naturaleza, después de todo, no puede negarse.

Esas explosiones emocionales fueron otro de los factores que condenaron mis matrimonios al fracaso. En mi infancia quedaron sentadas las bases para una relación muy ambivalente con el mundo.

Crecí asustado y con ese complejo doble de inferioridad-superioridad, muy propio de mis orígenes. Fui, para colmo, un chico despierto, de modo que absorbí al máximo esa herencia doble. Bebí de mi vaso a una velocidad impresionante y cuando llegué a la adolescencia ya estaba muy marcado. Fui extremadamente vanidoso y acomplejado a la vez. Sentía al mismo tiempo compasión por los demás y temor hacia quien me manifestase cariño.

Me pasmé. Llegué a mi adolescencia tardía en un estado catatónico total.

* * *

Conocí a mi primera esposa en julio de 1964, en el *lobby* del hotel New Yorker, en Nueva York, durante un viaje de promoción de dos escuelas de Lima. Teníamos 17 y 16 años respectivamente. La busqué ansiando normalidad a pesar de que temía la proximidad humana. Quería a toda costa vencer ese miedo.

No fue fácil. Pasamos un primer año bello, de descubrimiento mutuo. Después tomó el control de la relación el temor que sentía hacia la emoción y el amor.

* * *

A veces las vidas humanas se tejen en trenzas sin que nos percatemos de ello. Una se tejió entre las familias de Elsa, mi primera esposa, y la mía. Nuestros abuelos habían sido amigos en la sierra de Perú, dos ganaderos que hicieron fortuna entre ambos, mi abuelo vendiéndole ganado al abuelo de Elsa a lo largo de varias décadas. Nunca se volvieron a ver. Fueron sus nietos los que se reencontraron, dos generaciones después.

Al año siguiente de conocernos me enteré de que en Lima se estaban ofreciendo becas completas para estudiar en Estados Unidos. Elsa y yo postulamos las becas y ganamos dos de ellas. Fue así que en abril de 1966 llegamos primero a Brattleboro, Vermont, y luego a Buffalo, Nueva York, a estudiar. Queríamos ser maestros.

Mi adaptación americana fue un desastre. No estaba adaptado, para comenzar, ni siquiera a mi nativo Perú. Mucho menos me iba a adaptar al foráneo Estados Unidos. La beca la había ganado por mi precocidad intelectual. Si se hubiese examinado mi personalidad, estoy seguro de que me hubiesen rechazado. Mi primer semestre en Estados Unidos fue excelente desde el punto de vista académico. Pero conmigo llegó hasta Buffalo mi eterno temor a la realidad.

En esa ocasión mi temor tomó la forma de miedo al fracaso estudiantil. Fue tal ese temor que no hice nada más que estudiar de lunes a viernes para evitar el fracaso y acabé sacándome la nota mayor en todos los cursos. El decano envió un certificado de mérito a mis padres y me convertí en héroe intelectual. Poco sabían de mi catástrofe personal, o si lo sabían no mostraban interés. Los fines de semana empecé a salir con un amigo hondureño,

Hibrahim Pineda, y con él empecé a beber en grandes cantidades. Bebí en demasía desde un comienzo porque mi intención no era otra que perder el contacto con la realidad. Unos meses después sustituí el trago con la yerba.

Era la época de Vietnam. La marihuana era muchas cosas en ese tiempo. Era droga. Era protesta. Y era también moda. La fumaba la gente *in*, y yo quería ser *in*, pertenecer. Desde aquella primera vez en que la probé no paré de usarla por 23 años. Fue amor a primera vista. Encontré más fácil el amor a las sustancias que el amor a las personas. Era un amor que no pateaba, y además me quitaba de encima a la realidad. Me enamoré de ella, doña María Juana.

Elsa no compartió mis vicios ni los problemas de mi personalidad. Dos años después nos casamos. Fue un matrimonio de cuento de hadas, en la iglesia del momento en Lima, con dos ceremonias por separado, con tremendas fiestas en medio de gran derroche, y en el centro, como protagonistas, dos criaturas de 21 y 20 años de edad, con un desconocimiento total de la vida.

Tuvimos tres niños en rápida sucesión, y en rápida sucesión también pasamos del amor a la desesperación. Yo la culpaba injustamente de mi desesperación, y ella —con un poco más de justicia— me echaba la culpa de su infelicidad. Se había entronizado en mí una personalidad catatónica. El resultado fueron 10 años de agonía, y de creciente alcoholismo y drogadicción de mi parte.

* * *

Los años desde mi graduación los había pasado de profesor en Perú. Me gradué primero con un bachillerato en ciencias en el Canisius College de Buffalo, Nueva York, una universidad jesuita, y luego con una maestría en artes en el State University College of New York, también en Buffalo. Así, título en mano, había vuelto a mi Lima natal y me había dedicado a la enseñanza.

Fui un buen profesor. Me encantaba pintar ante mis alumnos retratos de esa realidad en que yo mismo no podía vivir pero que sí podía ver para otros. La práctica de maestro me sirvió de mucho en mi carrera posterior de periodista.

En el ínterin, socavado por esa ansiedad constante que me comía, di rienda suelta a mi escapismo. Ahora culpaba a mi ambiente de mi falta de adaptación, y es así como me fui a trabajar un tiempo en cuatro comunidades indígenas en el margen oeste del río Mantaro, uno de los que dan origen al Amazonas. A cerca de cuatro mil metros de altura están Sicaya, Mito, Aco y Matahulo, cuatro empobrecidos pueblitos que en ese tiempo estaban unidos por una polvorienta carretera casi sin tránsito. Quizás pasaban por ahí uno o dos vehículos al día.

Viviendo en Sicaya aprendí a masticar la hoja de coca, cosa que hacían los padres de familia de la casi totalidad de estudiantes del pueblo. Y me quedó el gustito. Mientras vivía en Sicaya llegó un equipo de filmación de la BBC de Londres.

* * *

El río Mantaro forma en algunas partes un valle muy angosto y muy profundo. Una de las cumbres bajo las cuales serpentea el río se quebró a unos 100 kilómetros al sur de Sicaya. La cumbre entera de un cerro cayó como tapón sobre el río creando una represa natural. Era 1974. La represa embalsó las aguas y formó una especie de fiordo en los Andes. El valle entero se cubrió de agua, de ladera a ladera.

Un grupo de ingenieros del ejército peruano pronosticó que cuando el embalse llegase a 32 kilómetros, la presión del agua rompería la represa natural. El resultado sería devastador: 100 kilómetros río abajo de la represa serían arrasados por las aguas. Para filmar ese hecho llegó desde Inglaterra un equipo de filmación. Yo, que desde niño me sentí atraído por lo espectacular, me fui a verlo. Al igual que años antes había sentido amor a primera vista por la marihuana, en esta ocasión lo sentí por la cámara. Me enamoró que fuese un instrumento manual capaz de producir gran belleza.

Para entonces mis inseguridades me habían llevado a rechazar hasta mi formación profesional. Había empezado a sentirme inseguro como maestro. Había empezado a rechazar mi propio intelectualismo. Y entonces me di cuenta —junto a ese equipo de la BBC— de las posibilidades infinitas de la cámara. Vi en ella mi futuro. Es que, dudando de mi intelectualismo, había decidido buscar un oficio. Lo encontré ahí, ese día, encima del río Mantaro.

Me había separado de mi mujer antes de ir a Sicaya, y me mudé a la torre norte de una iglesia abandonada después de la guerra entre Chile y Perú en 1879, la iglesita del Puente de los Suspiros, en Barranco, Lima. Era una construcción de barro y adobe. El cura de la parroquia había vivido en su departamento en la torre norte. Yo no fui su primer inquilino de este siglo. Otro joven, Pancho Mariotti, había estado ahí antes y había pintado las paredes con dibujos psicodélicos. La electricidad salía de un poste de alumbrado contiguo a la iglesia, y el agua de la casa del vecino. Me acomode ahí, un Descalzi en su primera manifestación pública de rebelde social. Tenía a James Dean dentro de mí. Por mi torre de barro y adobe pasaron muchos de los tempranos bohemios de una Lima que recién empezaba a despertar a los hechizos de la droga.

* * *

Ricardo Palma, en sus *Tradiciones peruanas*, popularizó el dicho de "el que no tiene de Inga tiene de Mandinga". Se refería a esa peculiar afectación peruana de querer negar su raíz inca. Muchos ven todavía con horror la insinuación de que en sus venas fluya sangre indígena o que su espíritu albergue la cultura inca. Y en un país donde la inmensa mayoría es quechua, este idioma no se estudia en la escuela. El espíritu y el corazón inca están así machucados y estrujados, todavía, pero su herencia sigue ahí, aunque se le niegue. "El que no tiene de Inga tiene de Mandinga..."

Por mi departamento de la iglesia del Puente de los Suspiros pasaron muchísimos buscadores del camino del inca. Llegaban llenos de mágicos cuentos de cómo el inca vivió colindando con el mismo cielo a casi cinco kilómetros de altura sobre el nivel del mar. Me hablaban de los mágicos hombres de piedra, de los descendientes de los antiguos incas. Hablaban de las maravillosas cumbres, de pueblos perdidos, de gente heroica... y yo me dije:

"Tengo que buscar esas maravillas yo también". Pasarían 23 años antes de que lo lograse. Mi atención se desvió en Sicaya, y de la búsqueda de mi raíz interna pasé a la búsqueda de una nueva raíz, externa, con mi encuentro con el arte de la cámara.

De regreso de Sicaya a mi departamento en el Puente de los Suspiros, me acosó nuevamente la inseguridad. Es que iba a abandonar la profesión para la que me había preparado durante años, la educación, para abrazar a ese nuevo amor, la cámara, y me moría de miedo de hacerlo. Me agarró miedo de dejar lo poco que había adquirido a lo largo de los años desde mi graduación en Buffalo.

En eso entró a talar el destino.

Un terremoto en el verano de 1974 destruyó la torre norte de la iglesia. Pegó temprano, a las ocho de la mañana de un sábado. Yo estaba durmiendo y mi papá había ido a visitarme. Estaba tocando la puerta y acababa de levantarme para abrirla cuando empezó el terremoto. Creo que en caso contrario, de no haber yo estado de pie, de no haber estado ahí mi padre tocando a la puerta, no habría atinado a salir a tiempo. El hecho es que se cayó mi casita y se destruyeron todos mis enseres. Todo el interior de la torre se desplomó. Su pared exterior sigue en pie hasta el día de hoy.

Con la pérdida de todo lo que tenía me vi obligado a reconstruir desde abajo. La catástrofe me dio así la oportunidad de empezar de nuevo. El destino se había encargado de despejar mis dudas. El camino estaba abierto para el cambio de profesión. Así pues, liquidé lo poco que me quedaba y obtuve lo suficiente para comprar un boleto de Lima a San Francisco, California.

¿Por qué San Francisco? Porque estaba en California, que era, después de todo, la Meca del cine.

Cuando llegué a San Francisco no había ninguna estación de televisión de tiempo completo en español. Un canal, KEMO, canal 20, transmitía en español apenas unas horitas a la semana y nada más. René Anselmo, el presidente de SIN, acababa de conseguir una licencia de operación para la primera estación de televisión a tiempo completo en español: KDTV, canal 60, "Tele sesenta", de la Bahía de San Francisco Television Company. Enrique Gratas, su primer director de noticias, fue quien hizo de la estación un éxito. Yo fui a tocarle la puerta un día de agosto de 1975. Todos estaban ocupados en darle los toques finales a la estación. El mismo René Anselmo estaba pintando paredes. Gratas me aconsejó que esperase el momento adecuado para hablar. Cuando éste se presentó, Anselmo me sacó a hablar en la calle. El interior era un caos. Mi entrevista de trabajo fue así, en la calle, apoyado sobre el buzón de correo en la esquina contigua a la estación. Me preguntó que quería y le contesté que aprender cámara. "No tengo conocimiento alguno de televisión", le dije, "pero soy un buen trabajador y tengo una buena formación académica". Recuerdo que esas fueron precisamente mis palabras, y me respondió: "Contratado". Así, sin más ni más. Anselmo siempre se guió por su nariz.

La televisión en español de Estados Unidos se inicia en 1968, cuando René Anselmo y Emilio Nicolás fundan el primer canal de la SIN en San Antonio, Texas. Le siguieron rápidamente estaciones en Los Angeles, formada en sociedad con Danny Villanueva, en Miami, con Joaquín Blaya, y en Nueva York, con Iván Egas. Fue una operación primitiva donde los videos se intercambiaban entre las estaciones por vía aérea. Unos años después se iniciaron operaciones en Fresno y Hanford, California, y cuando se abre KDTV en San Francisco se enlazan por primera vez por microondas. Anselmo había trabajado en la Ciudad de México como productor en la cadena Televisa de Emilio Azcárraga Milmo, quien lo había convencido de que el producto de Televisa podía encontrar terreno fértil en Estados Unidos.

Azcárraga cedió a Anselmo los derechos de retransmisión en Estados Unidos por una suma irrisoria. Después de todo, no arriesgaba nada. Televisa ya era un negocio exitoso en México. Si su producto pegaba también en Estados Unidos, bien. Si no, nada perdía. Era un experimento. Y así se fueron a transmitir en San Antonio, Texas, donde con Emilio Nicolás abrieron la primera estación de televisión en español de Estados Unidos. Siete años después, cuando llegué a San Francisco, Anselmo no había dejado de correr con su idea.

* * *

Enrique Gratas fue mi primer jefe en KDTV y se dio cuenta de quién era yo desde el primer momento. Ahí no hubo engaño, y aun así me tendió una mano franca. No por franca ciega. "Un día", me dijo, "voy a tener que recogerte de algún hospital." Palabras casi proféticas. No me recogió de un hospital pero sí de la calle.

En KDTV aprendí cámara y de manera casi natural pasé al periodismo. Empecé como cargador, llevándole los bultos al camarógrafo oficial, Bill Nieves. Haciendo eso aprendí el negocio y cuando se presentó la oportunidad pasé a camarógrafo. Fue una oportunidad única. Todo el mundo usaba 16 milímetros entonces. El video recién se introducía. Los camarógrafos establecidos no querían tocarlo. Juraban que morirían con película. El video estrechaba demasiado los márgenes de calidad. Fue por eso que tuve mi oportunidad de entrar al medio: había espacio para mí porque nadie establecido quería meterse al video, y menos en UHF… en español.

* * *

Pisábamos en terreno virgen. No había patrones de conducta establecidos en la televisión en español.

Eran los años gay de San Francisco. Era la Meca del homosexualismo estadounidense. En esa era anterior al SIDA los clubes sexuales abundaban en las calles Folsom, Castro y Polk. En una noche un hombre fácilmente podía tener contacto con 10 ó 20.

Eran todavía también los años *hippies* de San Francisco, donde la marihuana era tan común que el usuario no buscaba mera marihuana sino alguna variedad especial: sin semilla, roja de Panamá, palo de Tailandia, del condado de Humboldt, etcétera.

Y eran los años revolucionarios de San Francisco, cuando Patricia Hearst era todavía una fugitiva con el Ejército Simbionés de Liberación. A Joan Báez se le veía de cuando en cuando en las calles de la ciudad, tocando su guitarra a favor de alguna causa popular, como en los años sesenta durante la guerra de Vietnam.

Era también el San Francisco eterno, con sus montañas y su belleza, con su tremendo poder económico y cultural. Era, en suma, un San Francisco como siempre lo fue, refugio para el desamparado y el marginado.

San Francisco fue y es refugio de las izquierdas, algo así como Miami lo fue y lo es de las derechas. A ese San Francisco acudió la izquierda nicaragüense refugiándose de Somoza; a Miami fue la derecha nicaragüense refugiándose de los sandinistas… La inmigración de El Salvador en los años ochenta, y a principios de la década de 1970 habían llegado unos 40 mil guatemaltecos, refugiados muchos de ellos de las matanzas de indios en su país. Los guatemaltecos constituían la colonia hispana más grande de San Francisco en esa época.

* * *

El 12 de febrero de 1976, un fuerte terremoto destruyó gran parte de Chimaltenango, en Guatemala, y afectó severamente la capital de ese país. Más de 25 mil guatemaltecos perecieron en un instante. En ese día en San Francisco la colonia guatemalteca se desesperó. No tenía noticias de su país. Las comunicaciones se habían interrumpido. Enrique Gratas me despachó en misión especial a Guatemala. Fui con mi maestro de cámara, Billy Nieves. Nuestra misión era recoger cuanto testimonio pudiésemos y regresar de inmediato con todo el material visual para efectuar en San Francisco un telemaratón a favor de los damnificados. Esa misma tarde estábamos en Guatemala. El pueblo, con infinita paciencia, removía los escombros y en sus labios estaba siempre esa frase tan guatemalteca: "Primero Dios".

Después de un primer recorrido nos fuimos a la zona del epicentro, en Chimaltenango, donde había perecido la mayor parte de las 25 mil víctimas. Llegamos de noche. No había luz, estábamos cansados y buscamos dónde dormir. Vimos un montón de gente durmiendo en la plaza central y ahí nos tiramos al suelo. En la madrugada, cuando despertamos, nos dimos cuenta de que habíamos dormido entre cadáveres. Lo que en la noche vimos eran cuerpos que habían sido colocados ahí antes de nuestra llegada en la oscuridad de la noche. En fin, grabamos lo que pudimos, volvimos a la capital, entrevistamos al presidente militar de turno, Kjell Eugenio Laugeraud García, y volvimos al aeropuerto a esperar avión de salida. Queríamos alertar al mundo sobre la necesidad de Guatemala y para eso llevábamos nuestro video.

En el aeropuerto, antes de volver, me encontré con Julio Iglesias. Fue la primera y única vez en mi vida que hablé con el cantante. Lo había llevado la Cámara de Turismo de Guatemala para promocionar al país y evitar que el terremoto afectase indebidamente el flujo de turistas. Tuve la idea de entrevistarlo. "Pues mira hombre", me dijo, "aquí no ha pasado nada." Mi tarea era llamar la atención sobre las necesidades de Guatemala. La suya era la opuesta, de decir que ahí todo estaba normal... para el turista.

El telemaratón que hicimos fue un éxito. Con él, Enrique Gratas puso la nueva estación en el mapa de la bahía de San Francisco. Hasta ese momento casi nadie nos conocía; después, todos sabían donde estábamos en su dial de UHF. Nos vieron los 40 mil guatemaltecos del área y cada uno jaló a sus amistades de otros países también. Recaudamos 40 mil dólares para la construcción de un hospital de campaña en el lugar más afectado de Chimaltenango, el pueblito de Comalapa.

* * *

Fue una época en que me dediqué de lleno a fumar marihuana. No es ninguna droga inocente. Hace que uno rompa su contacto con la realidad tan totalmente que aniquila el proceso de retención, aniquila la memoria de corto plazo. Me era imposible recordar nombres y rostros, por ejemplo, y empecé a caer presa de un nuevo tipo de pánico inducido por la droga. Me aterraba pensar que la gente se diese cuenta de que yo... no me acordaba.

Elsa, mi esposa, llegó de Lima. La recibí en San Francisco y nos fuimos a vivir a un departamento alquilado en San Mateo, 13 millas al sur de San Francisco. Nuestro matrimonio ya había terminado para todo efecto práctico pero continuaba en su agonía. Pensé en medio de mi adicción que ella no me comprendía porque no fumaba, y resolví que mi siguiente compañera sería alguien que... ¡comprendiese las drogas! Así encontré a Nancy, mi segunda esposa.

Cuando volví a Washington luego de la emboscada de la contra en Nicaragua, Nancy no vio con bondad alguna la situación anímica en que llegué. Busqué de inmediato el único refugio que conocía: marihuana y alcohol. Ella, a modo de ayuda, llamó a la policía y me metió a la fuerza en un instituto psiquiátrico.

Es que mi rabia contra el mundo se estaba haciendo patente y había empezado a asustarla. Obtuvo una orden judicial y la policía me llevó…

Una noche, a menos de una semana de haber vuelto a Washington, volví a casa y la encontré vacía, totalmente a oscuras. No estaban ni Nancy ni nuestras dos hijas, Natalie y Vanessa. Al poco rato dos policías tocaron a mi puerta y cuando abrí me dieron media vuelta y me esposaron.

Fui presa de una rabia indescriptible. ¡Que me esposaran a mí, Guillermo Descalzi, el reportero! Hasta ese día siempre había sido tratado como una persona fuera de lo común. Viéndome esposado me sentí vejado y fui presa de una mezcla de rabia y pánico que nunca antes había sentido. Fue un instante en que mi mundo se vino abajo.

Mi imagen incólume quedó destrozada en un momento.

Rota la vasija dorada
nadie puede redimir
al alma desolada

Sí, en ese instante se quebró la vasija que había contenido mi vida dorada… No es que hubiese sido muy dorada hasta ese momento, pero vivía la fantasía de que así era. Imaginaba que nadie se daba cuenta de lo contrario, que nadie lo sabía y la magnitud de la mentira me bastaba para convencerme de que era real. Ahora había sido quebrada. No habría más vasija dorada en la cual refugiarme.

En todo caso, lejos de lidiar con la verdad, lo que traté rápidamente de hacer fue levantar nuevas paredes de mentira. Ésa suele ser la primera reacción de quienes llegan involuntariamente a los centros de tratamiento.

Sólo que antes me había tomado toda la vida levantar mis paredes. Esta vez tuve para hacerlo sólo los dos meses que pasé en dos diferentes centros de tratamiento.

El primer centro donde estuve recluido por 30 días fue un instituto psiquiátrico en Montgomery County, Maryland. Resultó ser un lugar que prestaba mucha atención al aspecto económico del tratamiento. Retenían a los pacientes mientras el seguro continuase pagando, y después los daban de alta.

Uno de esos pacientes fue Steve. La población de pacientes se dividía en grupos de terapia. Steve y yo estuvimos en el mismo grupo. Era un *pipero* más de variedad silvestre, una flor de jardín común. El psiquiatra a cargo insistía en señalárnoslo como ejemplo de daño cerebral irreversible causado por cocaína. Un día, Steve me llamó a su lado. Él, me contó, vendía su cuerpo a otros hombres para financiar su adicción. Era un recuerdo que lo angustiaba, y para no recordarlo buscaba... más droga, y para conseguirla... más hombres. Era un círculo vicioso.

Me lo dijo con la mayor vergüenza, sin alzar la vista. Yo quedé tan chocado por la confesión que no le contesté *nada. Absolutamente nada.*

Un día, el seguro de Steve dejó de pagar y se le dio de alta. Se le despidió en una reunión de todos los internos, como era costumbre, con la presencia de los psiquiatras. El nuestro aprovechó una vez más para mostrar a Steve como ejemplo de daño cerebral irreversible. Yo lo observaba y vi como se retorcía...

Steve salió del instituto, fue derecho a la cocina de la casa de su padre y se ahorcó colgándose de la lámpara de la cocina. Los extremos a que lleva la falta de aceptación, ¿no?

Años después, viviendo ya en la calle, me daría cuenta de que la persona que uno lleva dentro generalmente está tan asustada que no es posible conducirla a terreno seguro sin antes calmarla. Hay que calmar su angustia y a veces hay que tratar el síntoma antes de poder tratar la causa. Ése es muchas veces el caso de los adictos de cualquier especie.

Para que la persona se salve es necesario que se acepte primero. Y para eso tiene que ser "tranquilizada", encontrar un poco de paz, aceptación y amor. La crítica está de sobra, no tiene lugar en esa primera etapa. Es que si no encuentra calma no va a detener su carrera alocada y no va a ser posible que se salve. Lo más que se puede hacer es destruir a la persona y cambiarla por otra.

Destruirla y cambiarla por otra es lo que pretenden quienes no saben lo que hacen. Destruyen al adicto y lo sustituyen con personalidades de fabricación masiva, por medio de píldoras, medicinas y de la teoría imperante en las terapias de grupo. Desgraciadamente, los índices de recuperación en esa modalidad son abismalmente bajos.

La posibilidad más real de salvación para la persona radica en su aceptación total para, a partir de ese instante, iniciar un cambio gradual.

Es que si la persona no se acepta no hay posibilidad de cambio, sólo de sustitución. Y como es imposible crear una persona real, lo que se crea es generalmente... plástico.

La cura es riesgosa: empieza con aceptación total.

La experiencia con Steve me dejó una profunda impresión. Al ser humano hay que empezar por darle una aceptación total. Si nuestro corazón no es capaz de dársela, por vergüenza, hay que recordar que el corazón de Dios es tan grande que tiene cabida para todos nosotros. Que no hay nadie ni nada tan vergonzoso que Él no pueda aceptar, y si Él nos acepta, ¿quiénes somos nosotros para rechazarnos? Steve me pidió aceptación. Yo fui incapaz de dársela.

Después de ser esposado y llevado al instituto, pasé los primeros días durmiendo. La imagen que tan cuidadosamente había cultivado para aceptarme y ser aceptado por otros, se había destrozado. Quedé incapacitado para enfrentar la nueva realidad de mi persona. Cuando a los tres días me levanté, quedé en una situación de semipostración.

Cuando por fin me dieron de alta, un mes después, mi jefe insistió en que fuera a un mes más de tratamiento en Minnesota, siguiendo una de las muchas recomendaciones de los doctores. Decir que casi me desmayé al escucharlo es expresarme con demasiada suavidad. Regresé a mis síntomas de letargo sonámbulo. Sin embargo, tengo que agradecer lo que pasó. Sirvió el papel de martillo. Fueron golpes duros que me obligaron a reconocer al ídolo que adoraba: la imagen de mi persona que había confeccionado en mi búsqueda de aceptación.

Hoy, tras mi periodo de meditación en la calle, veo lo duro del golpe. Precisamente por eso, porque es duro, hay que darlo con amor, con aceptación al golpeado para que no se destroce. De lo contrario, las alternativas son pocas.

La primera alternativa es que en su interior la persona emprenda una fuga despavorida que generalmente nunca se detiene. Cae en la enfermedad mental, en la disociación permanente de su ser. La segunda es que la persona encuentre más fortaleza que en la falsa imagen de sí misma, y se reagrupe y vuelva al mundo tal y como era. La tercera es que el tratamiento produzca una imagen nueva igualmente falsa pero socialmente aceptable... la personalidad moldeada, plástica.

No, la única salida real empieza por la aceptación total. El golpe tiene que medirse: debe llevarlo a uno a darse cuenta, no a romperse, porque *rota la vasija dorada…*

Desplazar al ídolo que cada uno tiene en su interior implica primero aceptarlo, porque tiene que salir del escenario voluntariamente. Tiene posesión de nuestro ser y sacarlo a la fuerza es destrozar nuestra habitación interior. No lo podemos hacer sin hacernos daño a nosotros mismos. Al ídolo hay que ir desarmándolo lentamente sin destrozarlo. Suele ser lo más difícil en la recuperación del alcohólico y del adicto. Y cuando se le llega a desplazar del escenario central de la vida hay que ser sumamente cuidadosos. Hay que someterse inmediatamente al tratamiento de la verdad y el amor. Sólo la verdad y el amor reconstruirán una persona *real*, sólo ellos salvarán.

Mientras tanto, el momento de la reconstitución de la persona es muy delicado. Todos necesitamos un centro alrededor del cual gire nuestra vida. Si al sacar del centro al ídolo no se le sustituye con una presencia de verdad y amor, el vacío resultante puede producir la muerte, como la de Steve, puede nacer otro ídolo o puede volverse al anterior. En todo caso, se va a recaer, o a morir.

* * *

En Minnesota fui recluido durante un mes en un centro muy diferente al primero.

Fui a Hazelden, uno de los rincones más al norte de Estados Unidos, en Center City, cerca de Minneapolis. ¡Qué lugar de belleza! Está en un territorio en que el retiro de los glaciares de la última Edad del Hielo dejó la superficie de la tierra marcada como con acné, con miles de depresiones que se convirtieron en otros tantos miles de laguitos. Ahí, en lo que fue una tundra ártica, está ahora el centro de tratamiento Hazelden, *Hazel's den*, la buhardilla de Hazel.

El centro tiene una motivación muy diferente. El propósito ahí es espiritual, por eso es tan especial. Siendo el alcoholismo y la drogadicción enfermedades que atacan no sólo al cuerpo sino al espíritu también, la recuperación espiritual acaba siendo la más difícil. El cuerpo… el cuerpo es fácil.

Hazelden gira en torno a los principios de Alcohólicos Anónimos, que reconocen primero que nada la naturaleza espiritual del mal que padecemos: somos espíritus poseídos por algo tan material como lo son las drogas y el alcohol. Limpiarnos es limpiar nuestro espíritu. Limpiarnos va mucho más allá de limpiarnos el cuerpo.

Hazelden me dio la suficiente tranquilidad para empezar el cambio.

En Hazelden no intentaron destrozar mi persona desviada. Me guiaron con aceptación a terreno sólido para reedificar ahí con el ladrillo de la verdad y el cemento del amor.

Ahí encontré otro compañero de drogadicción con una historia similar a la de Steve. Era en este caso un argentino, hijo del dueño de uno de los más grandes medios de comunicación de su país. Había sido un coquero insigne, era homosexual y, para colmo, tenía SIDA. Pero el centro no lo señaló, no lo acosó, no lo hostigó. Lo aceptó y lo rodeó de calor humano, y él llegó a aceptarse tal como era en la situación extrema en que se encontraba. Y cambió. Luego lo encontraría en San Francisco en un par de ocasiones. Se había ido a vivir ahí, ya recuperado. Quizás los avances en la lucha contra el SIDA hayan llegado a tiempo y su historia haya tenido un final feliz. De lo contrario, habrá sido al menos una buena muerte la que le haya tocado, reconciliado consigo mismo y con el mundo. Y nada de eso hubiese sido posible si no llegaba, primero, a aceptarse a sí mismo tal y como era. Si no se da esa reconciliación del ser consigo mismo, el ser se escapa de la verdad, y sin verdad no es posible la recuperación.

El porcentaje de recuperación en centros con fines espirituales suele ser mucho mayor. La adicción y el alcoholismo son eminentemente espirituales, por paradójico que parezca. Son dolencias del espíritu más que del cuerpo, y sin fortalecer el espíritu abatido es muy difícil lograr una recuperación real.

Mi adicción mayor, mi adicción a mí mismo, a mi figura, una adicción común a casi 100 por ciento de los habitantes del planeta, sólo llegué a quebrarla en la soledad de mi encuentro conmigo mismo. Entonces encontré la verdad, porque la verdad habita en nosotros. No hay que buscarla afuera. Siempre estuvo esperándonos dentro.

Ahora, mientras tanto, estaba listo a volver al mundo. Era el verano de 1989. En las pantallas de los televisores de Hazelden había visto cómo las tropas chinas habían aplastado la rebelión estudiantil en la plaza de Tian'anmen en Beijing. Yo, que solía estar en el foco de los acontecimientos, me moría de envidia al ver a mis compañeros ahí.

Mi jefe, el director de noticias, se mostró magnánimo cuando fui dado de alta y me mando a Moscú a cubrir la caída del comunismo.

Capítulo cinco

Llegué a Sheremetievo, el aeropuerto de Moscú, en el frío invierno de las latitudes nórdicas a inicios de 1990. Era la primera vez que visitaba la capital de la entonces Unión Soviética. No dejaba de maravillarme por lo decrépito de casi todo. Los ejemplos estaban a diestra y siniestra. Los urinales en el sector de llegadas internacionales olían a urinales del tercer mundo. Los postes de alumbrado en el camino del aeropuerto se inclinaban o se balanceaban como árboles mecidos por el viento. La policía se dedicaba, como cualquier policía tercermundista, a extraer sobornos —"mordidas"— a los desafortunados motoristas. El piso del Congreso, dentro del Kremlin, resultó ser de linóleo descascarado. Las calles congeladas aguantaban la marcha lenta de mujeres bien arropadas que, a paso lento y con barras de hierro, rompían el hielo de centímetro a centímetro: ése era su sistema para "deshielar" las veredas.

El sistema se derrumbaba. No era que Gorbachov lo estuviese liquidando como San Jorge al dragón; se caía por sí solo, y el ruso promedio era consciente de lo que ocurría. Comprar un automóvil significaba pagarlo al contado y colocarse en una lista de espera de nueve años. La posesión de una máquina de escribir sin permiso del Estado estaba prohibida; era considerada instrumento sedicioso porque servía para la diseminación de ideas. El surgimiento de la cultura de las computadoras resultaba imposible dentro del sistema soviético. Era un sistema que se había suicidado. La Unión Soviética se quedó atrás en un instante. En sus tiendas, mercados y hoteles las sumas se hacían todavía en ábacos con cuentitas de madera ensartadas en alambre torcido. Pero había algo más: entre los intelectuales había una gran honestidad para con la realidad del momento. El ruso promedio sabía que su sistema no daba para más.

El único local de hamburguesas en todo Moscú tenía una fila que daba dos veces la vuelta a la manzana, a la intemperie en un invierno inclemente, y la gente resistía con tal de comer por primera vez una hamburguesa. Las personas en la calle estaban atentas en busca de extranjeros, que eran fácilmente identificables: los despreciados y a la vez envidiados extranjeros. En eso los soviéticos se parecían mucho a los latinoamericanos. Ese doblez ante la vida es realmente universal, y desprenderse de ella requiere de mucha honestidad.

Al extranjero le ofrecían cualquier cosa —un pedacito de tela, una estampita pegada sobre una tabla— por unos dólares. Evoqué recuerdos de mi primera visita a Centroamérica camino a Managua; así era el Moscú del fin del comunismo. Mostraba al viajero el lado más surrealista de la vida. Había una carencia casi absoluta de todo y, sin embargo, el aparato de represión estaba todavía íntegro.

* * *

En Moscú el gobierno había puesto a nuestra disposición un automóvil y un chofer; no porque se tratara de nosotros sino porque así procedían con cualquier extranjero que necesitara automóvil. Eso sí, tratándose de periodistas ponían a disposición personal "especial". Al segundo día de nuestra estadía en Moscú nuestro chofer abrió la guantera del automóvil Lada y me mostró un ladrillo de hachís que me ofreció en venta. No lo tomé en serio, con la seguridad de que se trataba de alguna artimaña, pero no me faltaron ganas de aceptar. Repitió el intento dos veces. El sistema comunista moría pero su cuerpo de seguridad continuaba defendiéndolo. Y es que la muerte de un sistema es triste y lenta, y porque hace sufrir es también trágica. Lo mismo pasa en el ser humano cuando quiere cambiar de vida. Los cambios dentro de mí fueron también lentos y tristes y también me hicieron sufrir… hasta que abracé el cambio.

En el hotel donde nos hospedamos los ascensores llevaban huéspedes solamente al piso en el que se alojaban. No estaba permitido bajarse en otro piso. Una vez en su piso, el huésped tenía que dirigirse a su habitación bajo la atenta mirada de un supervisor de piso. Me recordó la última vez que estuve en La Habana, alojado en el hotel Habana Libre…Un sistema muy parecido se practicaba ahí entre los huéspedes en ese año de celebración del 25 aniversario de la invasión de la Bahía de Cochinos.

* * *

Ya en 1986 La Habana era una ciudad fantasmagórica de edificios desteñidos por un cuarto de siglo de sol caribeño y de aire salitroso de su bahía. Por ahí no había pasado una sola vez la brocha de la pintura. Era una ciudad totalmente desteñida. Parecía que hubiese recibido un baño de lejía. A la distancia, desde un bote en la bahía, era difícil distinguir un edificio del otro, tan uniforme parecía el color de todos ellos.

Fantasmagórico también era su pueblo.

Tratado como rebaño de tercas ovejas, el pobre pueblo habanero daba la impresión de un jardín de niños regido por el lobo feroz. En ese año se celebraba en Cuba la "victoria" de 1961 sobre los invasores. Yo fui el primer periodista de Univisión en visitar la isla, y varios colegas me entregaron paquetes para sus seres queridos. Uno de estos compañeros de trabajo, Teresita Rodríguez, presentadora de noticias, había salido de Cuba cuando era una niña tierna, y sus familiares jamás la habían vuelto a ver. Aprovechó para darme una cinta de sus presentaciones para que su familia la conociera como adulta. En La Habana busqué el domicilio que me dio y me encontré con una imponente aunque despintadísima casa en uno de los antes buenos barrios de la ciudad. Me recordó a la película *Doctor Zhivago* con Omar Shariff.

La familia Rodríguez seguía viviendo en la misma casa en la que habitaba antes de la revolución, pero ya sólo ocupaba dos de sus habitaciones. El resto de la casona estaba habitada por otras familias, y en ella operaba un Comité de Defensa de la Revolución que efectuaba rondas para vigilar que "todo anduviera bien". Cuando llegué a la casa de los Rodríguez me atendieron de mil maneras. Sacaron no sé de dónde lo poquito que tenían para ofrecerme e insistieron en que lo aceptara. Los aprietos de la revolución no habían borrado ni la decencia ni la cortesía de la familia. Hicieron que contase la "historia de Teresita en Estados Unidos" tres veces seguidas, diciendo como niñitos: "Cuéntamelo otra vez". Y es que al pueblo de Cuba, tratado como rebaño de ovejas tercas, no le quedaba más que el comportamiento infantil porque el mundo a su alrededor se había convertido en una realidad separada… igual a un cuento. El resto del mundo aún tenía la capacidad de asombrar al pueblo mostrándole un universo por descubrir. Conté la "historia de Teresita en Estados Unidos", en parte porque no había videocasetera para reproducir la cinta que les llevaba. Así que opté por invitarlos a mi habitación en el hotel Habana Libre, donde tenía montado mi estudio móvil, para ver la cinta ahí. Quedamos en que volvería al día siguiente, almorzaríamos juntos y nos iríamos todos en el auto familiar al hotel a "ver a Teresita".

Al día siguiente, después del almuerzo, once personas nos metimos en una reliquia Ford de los años cincuenta, tan despintado como los edificios de la ciudad pero funcionando aún por uno de esos milagros del ingenio popular. Llegamos al hotel con el coche tan abarrotado que codos y cabezas salían por las ventanas. La familia se había puesto sus mejores prendas. Era como si fueran a ver a Teresita en persona; era conmovedor y encantador a la vez. Una vez en el hotel lo conmovedor se separó bruscamente de lo encantador hasta quedar totalmente distanciados. A los Rodríguez no se les permitió la entrada. Era territorio vedado al pueblo, extranjero en su propia tierra. "Sólo para huéspedes", fue la explicación. Así es que una vez más me tocó contar la historia de "Teresita en Estados Unidos".

Entré en acción en mi papel de super-Guillermo. Llamé a Walfredo Garciga, funcionario del gobierno cubano que actuaba como anfitrión, guía y custodio de nuestro grupo y le insinué algo del malestar que la situación iba a reflejar en mis reportajes sobre la isla... Al poco tiempo Garciga apareció en el hotel. La familia Rodríguez se había quedado frente a la puerta del hotel. Garciga, haciendo uso de su autoridad, logró hacernos pasar a todos, "pero derechito a su habitación y de ahí de nuevo a la calle", nos dijo. La familia ingresó, como patitos pataleando uno detrás del otro, meneando sus colitas, sin saber si creer o no en la buena suerte que habían tenido. La cinta la pasé varias veces entre muchos ¡oh! y ¡ah!..., por fin la cinta de Teresita en Estados Unidos.

La familia volvió conmovida a su casa. Yo me fui al bar del hotel a beber el trago del día, una "Cuba libre" sin la capitalista Coca-Cola. Ahí, en el bar de ese hotel al que había tenido que llegar un funcionario de la cancillería para que mis amigos, los Rodríguez, pudieran entrar, me encontré a una mujer cubana, extremadamente bella, que sin problema se paseaba por ahí como por su casa. Le gustaba tener conversaciones inteligentes, me dijo...

Esa misma tarde, ya en mi habitación, llamaron a la puerta y cuando la abrí era ella, la misma mujer, como si fuese la cosa más simple en esa época que una lugareña subiera a la habitación de un extranjero en un hotel. Era la versión cubana del ladrillo de hachís en Moscú. Años más tarde, cuando en la capital soviética el chofer del Lada me ofreció el ladrillo, recordé esa vez en La Habana... o ¿sería que padecía de delirio?

* * *

Al día siguiente de mi llegada a Moscú Mijaíl Gorbachov le cortó la cabeza al partido comunista soviético. Decretó que el partido no tendría más la primacía que le garantizaba la ley en la vida política del país. Los dados habían sido echados. El comunismo había caído de su pedestal. No lo mataron ni Reagan ni Bush. Ni siquiera lo mató el mismo Gorbachov. Se mató a sí mismo. Murió de suicidio lento por drogadicción sistémica generalizada, y tras su muerte murió la Unión Soviética. Fue una muerte muy parecida a la del drogadicto. Al terminarse su droga, el comunismo, su cuerpo no pudo resistir más el embate de la realidad. Sí, nuevamente está ahí esa figura: si para Marx la religión fue el opio del pueblo, el comunismo resultó ser la drogadicción de la sociedad.

En Moscú la franqueza con que el ruso promedio hablaba de la situación contrastaba mucho con la subsistencia del inmenso aparato represivo soviético. Era una combinación que imponía un esfuerzo patético a la vida cotidiana para subsistir. La armazón rígida del sistema se estaba endureciendo aún más por el rigor sistémico de su propia muerte. Es que sólo subsistía la armazón vacía, socavada por la falla sistémica. La aceptación ciudadana de su realidad y la franqueza de esa aceptación fue lo que le permitió al ruso librarse del comunismo y el renacer en nación soberana. Y nuevamente esta ahí el paralelo con la lucha del drogadicto por liberarse de su opresión. Sólo con aceptación, sólo con verdad se puede salir. Para tener éxito se necesita la verdad franca que lleva a la aceptación propia y ajena. No hay otra.

* * *

De regreso en Washington un alto funcionario de la cancillería cubana me habló de la "traición" de Gorbachov. "Le sacaremos provecho a Moscú hasta el último momento", me dijo, y posteriormente insultó a mi madre cuando repetí sus palabras por televisión.

La caída de la Unión Soviética fue seguida de un espectáculo sin precedente: los lobos que se abalanzaron a comer los despojos de su jefe muerto. Desgraciadamente para el régimen de Fidel, el comunismo soviético había sido un lobo demasiado flaco y no le dejó mucho que comer.

Paralelamente surgía un nuevo lobo… Saddam Hussein. En el Medio Oriente sí que había despojos y Saddam se los quería comer.

¿Cómo pudo Saddam imaginarse que el tecnológicamente primitivo Irak pudiese librar una lucha airosa contra los intereses del mundo industrial? Debe haber creído que la posesión de grandes reservas de petróleo se lo permitiría… Y una vez más, paralelos, paralelos: otro adicto.

Si es que hubo algo que indujo el suicidio del comunismo fue precisamente la fortaleza del mundo industrial. El comunismo fue rodeado como un círculo de fuego que rodea a un alacrán… y acabó suicidándose. No fue la democracia ni fue el capitalismo los que lo destruyeron. Lo que lo llevó al suicidio fue al fin y al cabo… su propio vacío. Fue otro Sansón que se mató al verse atado por la fuerza filistea. Pues bien, Saddam debe haberse creído en la posición correcta para controlar la fuerza de los filisteos si llegaba a controlar su energía y su vitalidad, es decir, su combustible.

* * *

La cobertura de la Guerra del Golfo fue mi siguiente asignación de envergadura. Pasé casi toda esa guerra en Medio Oriente. Estuve primero en Dubái, luego en Egipto, Jordania, Israel, Arabia Saudita, los Emiratos Árabes, Kuwait y también en Irak.

Fui enviado al Medio Oriente. Al día siguiente de la invasión iraquí a Kuwait estaba ya en un avión rumbo a Dubai, en los Emiratos Árabes, para cubrir la guerra...

* * *

Nunca en mi vida había estado en el Medio Oriente. Volé desde el aeropuerto Kennedy en Nueva York a uno de los aeropuertos de Alemania, el de Francfort, donde hicimos transbordo a un vuelo de Lufthansa con destino a Riad. Yo conocía muy bien ese aeropuerto. Había estado repetidas veces en Francfort, pero nunca en una sala de espera con destino al Medio Oriente. Es ahí donde tuve mi primer contacto directo con la cultura árabe y quedé... anonadado.

Lo primero que llamó mi atención en la sala de espera fueron las mujeres árabes. Esperaban el vuelo con un manto que les cubría la cabeza, con un velo tupido que les cubría el mentón y la boca, y con algo más de lo que nunca había visto ni oído: un cobertor de nariz hecho de cuero, sujeto a la cabeza por dos tiras también de cuero, como anteojera para mula. La posición de la mujer en esas culturas nunca dejó de fascinarme.

A principios de la guerra se estableció un bloqueo comercial contra Irak, que el reino hashemita de Jordania violó continua e impunemente. Los iraquíes transportaban provisiones militares por el mar Rojo hasta Acqaba, puerto jordano en la península del Sinaí. Yo estaba en Ammán, la capital de Jordania, cuando me enteré y me dirigí al "prohibido" puerto de Acqaba para confirmar mi información. Digo "prohibido" porque su acceso a extranjeros estuvo vedado durante la guerra, en especial a periodistas occidentales. Pero llegar ahí nos fue relativamente fácil. Nos bastó alquilar un vehículo y fuimos manejando.

Recordé la primera vez que llegué a Managua a bordo de un taxi viejo y desvencijado. En esta ocasión también habíamos alquilado un taxi, un Mercedes amarillo. Manejamos todo el día desde Ammán y llegamos al anochecer. Para no llamar la atención decidimos no buscar hotel sino dormir en la playa. Despertamos ya entrada la mañana, al oír grititos de mujer. Vi a unas mujeres dentro del agua, vestidas de pies a cabeza. Estaban con velo, naricera, todo, y las pobres no atinaban a flotar... por eso los grititos. Extraño destino el de la mujer musulmana.

Meses después estuve en la base de la Real Fuerza Aérea Saudita en Taif, cerca de La Meca, en Arabia Saudita. La base estaba llena de estadounidenses, y yo era miembro del equipo nacional de corresponsales de Estados Unidos, trabajando para las cadenas estadounidenses. Taif es un lugar de recreo de la sociedad saudita, a una altitud un mayor del promedio de su desierto. Por eso escapa al agobiante calor del verano y por eso es lugar de recreación.

A Taif va la crema de la sociedad árabe. Ahí encontré un sinfín de restricciones que el occidental promedio ni se imagina. Por ejemplo, están prohibidas las salas de cine, no sea que se vean destellos de una sociedad sin sus restricciones... Para las mujeres está prohibido manejar vehículo alguno.

En la base aérea de Taif muchos de los conductores de los vehículos militares estadounidenses eran mujeres, y algunas de ellas habían violado el tabú manejando a la ciudad para traer provisiones del mercado. Esto lo vieron algunas jóvenes de la sociedad saudita, acostumbradas a manejar en sus estancias en Suiza y otros lugares donde tienen lujosas residencias de recreo. Algunas pensarían que si las estadounidenses en Taif podían manejar, ¿por qué no ellas?, y por lo menos dos salieron un día a manejar. Causaron tal indignación que sus familias las mataron. El hecho produjo el confinamiento en la base aérea de todos los civiles, especialmente de las mujeres. No podíamos salir. Las estadounidenses, acostumbradas a su libertad, pusieron el grito en el cielo diciendo que querían ir al *souk*, al mercado árabe, para hacer sus compras. Por fin, tras negociaciones entre oficiales árabes y estadounidenses, se decidió permitir una salida al *souk* con escolta militar. Se organizó como si fuera una expedición al frente y finalmente partimos unos cuantos reporteros y reporteras al *souk* en convoy militar, precedidos y seguidos de vehículos armados. Una vez ahí procedimos a ir de sitio en sitio con escoltas a pie y con fusiles ametralladora... ¡vaya manera de comprar barato!

* * *

El caso ilustra no sólo la posición de la mujer en el mundo
árabe, sino de su cultura en general: no saben cómo proceder
en su apertura al occidente y eso causa su propia versión de
esquizofrenia sociocultural. Salen al occidente y se vuelcan con
los brazos abiertos a gozar de sus libertades, pero tan pronto
llegan a la sala de espera para ese vuelo que los llevará de regreso
a su país retoman súbitamente sus papeles tradicionales, con
naricera y todo.

En América Latina está presente otra variante de ese virus de
duplicidad sociocultural. Después de todo la cultura hispana es
mitad de origen romano y mitad de origen moro, árabe, con algunas sales y aromas de otros lugares mediterráneos también.

Lo más extraño para mí fue que a lo largo de mi estadía en
Medio Oriente me di cuenta de que la mujer árabe defiende su
situación subyugada. Luego comprendería que todos hacemos
lo mismo. Todos, casi sin excepción, justificamos y defendemos
nuestra situación en la vida, sin cuestionamientos y sin importar cuan difícil sea nuestra situación. Lo contrario, cuestionar
nuestra situación y más aún, rechazarla, es como un rechazo a
nosotros mismos... y nuestra inseguridad suele ser tan grande
que no nos atrevemos a cambiar.

Qué extraño, ¿no? Aceptamos lo inaceptable, pero lo que
debemos de aceptar, *nuestro verdadero ser, aceptarnos a nosotros
mismos,* eso no. Somos casi universalmente culpables de incurrir
en ese error. Es un error que me mantuvo en la duplicidad de mi
vida durante largo tiempo y cuando finalmente opté por apartar

esa duplicidad y me acepté, todavía me mantuve en el error de confundir mi ser con mi situación… y defendí y justifiqué mi drogadicción con fuerza y maña durante un tiempo más.

La primera parada en mi vuelo a Dubái fue Riad. Junto a los anuncios de rutina en preparación del aterrizaje la tripulación de Lufthansa tenía uno más: cualquier pasajero que trajese revistas con imágenes de senos desnudos o cosas por el estilo tendría ahora la oportunidad de deshacerse de ellas. Las azafatas pasarían por la cabina con bolsas plásticas para que los pasajeros las botaran. ¡A quien se le encontrara una en el aeropuerto recibiría no sé cuántos latigazos!

Años atrás había ido a Ginebra con Ronald Reagan, en su primera entrevista con Gorbachov. En el hotel en que me alojé había una sala llena de videos pornográficos en idioma árabe para alquilárselos a los sauditas que llegaran de vacaciones. Les encantaba verlos, pero ¿llevarlos a Arabia Saudita? No, eso no.

* * *

Llegamos a Dubái. La temperatura era agobiante. Casi 50 grados centígrados, ¡a la sombra! Era una garantía de que la guerra no empezaría en verano. Habría que esperar al invierno. Era una demostración más de la sagacidad del gran historiador británico, Arnold Toynbee, quien dijo que las culturas se moldean en respuesta a los desafíos de su ambiente. Y el ambiente árabe es más que letárgico en el verano. ¿Quién en su sano juicio iba a pensar en guerra durante el verano? Era tiempo de preparativos.

Estados Unidos despachó al portaaviones *Independence* a toda máquina al Golfo Pérsico. Varios convoyes de buques de carga enfilaban hacia el estrecho de Ormuz, en la entrada del Golfo. Mi hijo Javier, en la marina de Estados Unidos, iba a bordo del *Independence*. Sucedió así que hubo dos Descalzi en la operación Escudo del Desierto, uno como reportero, otro como miembro de las fuerzas armadas. Era la operación inicial de la guerra, la de preparación a la Tormenta del Desierto. Yo quise ir a ver a mi hijo en su portaaviones, pero perdí el vuelo de la prensa que salió de Dubái a visitarlo porque la compañía me mandó el día anterior a El Cairo a cubrir una conferencia de urgencia de jefes de Estado de países árabes.

A mi retorno a Dubái me encontré con que el vuelo de prensa al *Independence* ya había partido. Me contenté con alquilar un avión para buscarlo y grabarlo desde el aire. Había un problema: no tenía el dinero para hacerlo. Además el único avión disponible en el área estaba en el emirato de Sarjia, en un aeropuerto civil ubicado a un costado de Yemen del Sur. Era un bimotor que se alquilaba a tres mil dólares la hora. El piloto, un inglés, explicó que el precio se debía a "los peligros de la guerra". El precio era excesivo, sobre todo porque se trataba de una búsqueda que podría durar horas, pero fui afortunado. Ese día me encontré en el hotel en que estaba alojado a un corresponsal de Televisa, Fernando Alcalá, amigo de antaño. Televisa lo había enviado a cubrir la guerra sin nada, como acostumbraba. El pobre Fernando no tenía camarógrafo, no tenía cámara, no tenía equipo de edición, ¡pero tenía tarjeta de crédito de Televisa!

Fernando contaba con cuenta abierta. La aristocracia de la televisión mexicana no tenía muchos recursos fuera de su guapo machismo y su hidalga cultura, pero tenía dinero, y con eso mandaron a Fernandito Alcalá. Después de todo, "poderoso caballero es don dinero".

Hicimos un trato: le cederíamos parte de nuestro video, y mi camarógrafo grabaría sus presentaciones y editaría sus piezas, a cambio, él pagaría el avión. Pagó como nueve mil dólares al final. Así cubrimos la guerra, con una mano adelante y otra atrás, en una camaradería de viejos periodistas, haciendo de tripas corazón.

Cuando mi camarógrafo y yo fuimos los primeros reporteros en llegar a la ciudad de Kuwait, antes que las tropas de la coalición, cruzando el frente de guerra, busqué en esa tierra de desolación la manera de enviar un informe a la cadena. Tuve la suerte de encontrar a un ingeniero de la BBC inglesa, otro aventurero que, como nosotros, había llegado en posición adelantada para instalar en la playa al sur de la ciudad un plato de satélite para un teléfono volante. Le pedí el plato para una llamada a Miami y me lo prestó: "pero una llamada, nada más que una", me dijo. Así es que pensé mucho a quien llamar. Eran algo así como las dos de la mañana en Miami, y nadie iba a responder en el centro de transmisiones. Decidí llamar a nuestro director de noticias para dar la primicia de la inminente liberación de Kuwait, para contarle de la negrura de ese medio día envuelto en humo y de los mil y uno incendios petroleros. Sonó el teléfono en casa del jefe en Miami, quien contestó diciendo: "*Son of a bitch*, ¿sabes qué hora es?"… ¡y me colgó! Me perdí la oportunidad de dar la primicia de lo que estaba ocurriendo. Nunca le conté al jefe lo que había hecho; no se había dado cuenta. No me lo hubiese creído.

* * *

Medio Oriente tiene otro parecido con América Latina: el desprecio por la mano de obra. Dubái, los Emiratos, Kuwait y la misma Arabia Saudita están llenos de obreros "temporales", millones de hombres y mujeres que llegan de India, Pakistán, Palestina, Egipto y Filipinas.

La península arábiga, pobre y despoblada al empezar el siglo, es un lugar donde se empozó la cultura como la espuma vieja y amarillenta de la resaca del mar occidental. De la noche a la mañana, el lugar se convirtió en emporio de millonarios con el descubrimiento del petróleo. Los ciudadanos —y para ser ciudadano tiene uno que pertenecer a la tercera generación nacida ahí— tienen la vida asegurada. Miles de dólares se les distribuye al nacer, y al pasar por ciertos hitos de la vida como la mayoría de edad, al casarse, etcétera. *Si es que se es ciudadano.* Son los hijos de alguien de la península arábiga, son los guapos locales, y su indiada despreciada y despreciable son los *trabajadores temporales* que hacen de todo y que no tienen derecho a permanecer ahí más de tres años. Tampoco tienen derecho a llevar a sus familias, a casarse, a establecerse en el lugar. Tres años y fuera.

Como en América Latina: víctimas los dos, el de arriba y el de abajo. Como en América Latina, siguen todavía viviendo en la resaca de su propia cultura, alejados de la vitalidad que alguna vez le dio vida...

Para regir todo esto está la rígida ley islámica que emana directamente de cuando las cosas se inscribían en piedra.

El desprecio a la mano de obra produce ahí una situación similar a la de Latinoamérica, con el encumbramiento de un grupo que es víctima del mismo doble complejo de superioridad e inferioridad. La situación se complica en Medio Oriente con la gran riqueza petrolera y con la hegemonía de un sistema religioso que hace prácticamente imposible su integración social y cultural sin que haya aún más tragedia humana. Una vez más: la agonía social es larga, lenta y trágica.

* * *

El primer mes de preparativos en la operación Escudo del Desierto transcurrió lentamente en Dubái. La gerencia decidió entonces enviarme a Jordania, donde estaba pasando algo.

A través de Jordania se estaba produciendo la emigración masiva de los millones de trabajadores temporales que escapaban de la guerra en Kuwait y en Irak. Salieron a pie cruzando un inmenso y desolado desierto desde las orillas del Golfo Pérsico hasta llegar a Jordania, donde abordaban todo tipo de vehículos para llegar hasta Ammán. Ahí unos tomaban vuelos repletos de refugiados para llegar a sus hogares. Otros seguían hasta Acqaba para embarcarse y cruzar el Mar Rojo hacia Egipto, Sudán, los Yemenes y Etiopía.

Más de 100 mil personas pasaron diariamente durante más de un mes por Rueshid, un punto desolado, infestado de alacranes en una llanura pedregosa y reseca en el medio de la frontera entre Siria, Irak y Jordania. Salí de Ammán rumbo a Rueshid en un taxi Mercedes Benz amarillo, de los que abundan en Jordania. Viajamos todo el día y llegamos al puesto fronterizo ya pasada la noche. De pronto nos encontramos con la caravana humana tendida en el desierto, durmiendo. Qué espectáculo. Más de 100 mil personas después de semanas de caminar por el desierto, hambrientas, cargando sobre sus hombros todas las posesiones que les quedaban, todas ellas acurrucadas lo más juntas posible en un lugarcito en el inmenso pedregal, buscando seguridad en la compañía mutua. Era la desolación humana superpuesta a la desolación física del lugar: seres humanos que no se atrevían a separarse ni un poquito ni por un instante del resto de la multitud a no ser que su desolación se volviese aún mayor. Guillermo Torres mi camarógrafo salvadoreño y yo buscamos un lugar libre de gente en el medio de esa isla humana en el mar del desierto para echarnos a dormir. Por milagroso que pareciera, encontramos en medio de la humanidad hedionda un espacio rectangular de unos 10 metros cuadrados vacíos de gente, y ahí nos acostamos.

"No hay nada nuevo bajo el sol", palabras de Salomón, Eclesiastés 1:1. Este espectáculo no era nada nuevo. Estuve seguro en ese instante de que el cruce de esos millones a través de la península arábiga desde el Golfo Pérsico hasta el Mar Rojo tiene que haber sido fundamentalmente igual al que cerca de cuatro mil años atrás hiciera el pueblo de Israel a través del Sinaí. Seguimos siendo los mismos después de todo, los mismos a pesar de los atavíos de modernidad, a pesar de las distancias en el tiempo y en el espacio.

Admiramos a los unos como patriarcas de nuestra religión, rechazamos a los otros como desecho humano. No somos capaces de ver lo que tenemos en común con los despojos de la humanidad como los que ese día atravesaban el desierto. No somos capaces de ver nuestra común humanidad, nuestra comunidad con ellos porque no los aceptamos.

Y en esa falta de reconocimiento de nuestra humanidad compartida perdemos nuestro vínculo con todo lo humano. No podemos rechazar una parte sin rechazar el todo. La muerte de una parte del cuerpo mata al resto, por gangrena.

* * *

Esta nueva caravana de gente que vagaba por el desierto era, al igual que los esclavos israelitas, un producto de la deshumanización de sus personas en el país del que huyeron: el trabajador como instrumento utilizable, descartable, menospreciable. Huían de un trato y de una actitud hacia ellos. Unos pasaron por Sodoma, los otros por la tierra de Saddam, Saddoma.

Los pobres que no lograron atravesar la península arábiga fueron luego perseguidos por calles y azoteas, por zanjas y zaguanes en el lugar en que se quedaron. No habían querido perder sus posesiones, misérrimas, y perdieron en cambio sus vidas. Fue un ejemplo patético, como si hubiese necesitado uno más, de la idolatría con que tratamos al cúmulo de nuestras posesiones. Incluso los que huían a pie lo hacían como bestias de carga, llevando a cuestas más de lo que podían.

Seis meses después, cuando llegué a la ciudad de Kuwait me encontré con un espectáculo estremecedor. Yo había entrado a la ciudad delante de las tropas, cruzando el frente de guerra entre la coalición y los iraquíes. Llegué a la capital kuwaití cuando ésta se había convertido en tierra de nadie. Los iraquíes se acababan de retirar de ella y las tropas de la coalición aun no habían hecho su entrada. Los kuwaitíes, en esa tierra de nadie que por unos días fue su ciudad, descargaron su ira matando a tiros o por cualquier medio a cualquier trabajador temporal que encontraban en su ciudad. Se había iniciado una cacería humana de los miserables. Había cuerpos regados de trecho en trecho. Mi camarógrafo ahí, un peruano, Gilberto Hume y yo "adoptamos" a un pobre palestino que nos hizo de guía en la ciudad y le salvamos así literalmente la vida pasándolo a través de innumerables barreras de iracundos kuwaitíes.

La actitud deshumanizante es un cuchillo de doble filo. Corta al que lo esgrime tanto como al que hiere. El problema árabe es similar al de Latinoamérica. Ambos pueblos son deshumanizados por su propio desprecio hacia el que está abajo. Y no lograrán recobrar la virtud de su humanidad sino hasta que hayan encontrado su mínimo común denominador con ellos como seres humanos.

Sólo en la *común-unión* con *toda* la humanidad, la de arriba *y* la de abajo, nos será posible recuperar nuestra dignidad como miembros de la especie.

En Estados Unidos también hay lugares donde ocurre lo mismo. Cuando se habla de los "ilegales" y se les empieza a tratar como si en realidad pudiese haber una condición ilegal en lo humano, cuando el patriotismo se enfoca contra un segmento de la población que subsiste sin amparo, cuando se rechaza al que limpia los baños y los inodoros, pero no se puede vivir sin el fruto de su trabajo, entonces en Estados Unidos se deshumanizan tanto el ilegal como el que busca "suprimirlo".

* * *

El río humano era transportado desde Rueshid hasta el puerto de Acqaba en el Mar Rojo en autobuses, camiones y automóviles de todo tipo. Alrededor de estos miserables pululaba un ejército de aves de rapiña despojándolos de sus pertenencias. En Ammán y en Acqaba gigantescos aviones Antonov de la todavía Unión Soviética transportaban a algunos hasta los lugares más distantes de donde procedían. Otros se embarcaban en oxidadas embarcaciones egipcias para cruzar el Mar Rojo.

Abundaban las picaduras de alacrán. La temperatura era sofocante. Esos pobres respiraban bocanadas de aire caldeado para efectuar su retirada.

En esas condiciones, mientras no llegase el alivio del invierno, sólo podía haber guerra en el aire, y una paz dudosa para el hombre sobre la tierra. La huida era posible mientras no llegase el invierno al desierto. Era, mientras tanto, tiempo de negociaciones.

Recuerdo con orgullo el día en que vi llegar a Ammán al entonces secretario general de Naciones Unidas, Javier Pérez de Cuéllar, peruano como yo. Era el "último" intento de persuadir a Irak para que se retirara de Kuwait y lograr así una solución pacífica al conflicto. Se iban a reunir Pérez de Cuéllar, el secretario general, y Tarik Assiz, el ministro de relaciones exteriores de Saddam Hussein. Se esperaba la llegada de ambos en el aeropuerto militar en el centro de la ciudad. Sólo un puñado de periodistas fue admitido para cubrir el arribo, entre ellos mi camarógrafo del momento, Guillermo Torres, y yo. Primero llegó Assiz en un Learjet privado. Luego llegó Pérez de Cuéllar en su propio avión con el escudo de las Naciones Unidas, otro Lear. Recuerdo el orgullo que sentí al ver a otro peruano como yo descendiendo *de su propio avión*, y más fue mi orgullo cuando al abrirse la puerta de su jet Pérez de Cuéllar sale, se detiene un momento, olfatea el ambiente, me ve y dice, mano en alto, dirigiéndose a mí: "¡Hola, compatriota!" ¡Me había reconocido! Esa noche en el palacio del rey me sentí más orgulloso aún al ver a ese digno hombre dialogar como igual, sin complejos ni altanerías.

El intento de reconciliación fue infructuoso. A los pocos días la cadena de televisión decidió mandarme a Israel a cubrir los efectos del conflicto que inevitablemente se iba a cernir sobre el Estado judío. No se podía viajar directamente de Ammán a Jerusalén a pesar de que están a pocos kilómetros de distancia. Tuve que ir primero a Roma.

* * *

Cuando llegué a Jerusalén la población se preparaba para enfrentarse a un ataque con gas. El israelita vivía obsesionado y angustiado por la idea de que después de librarse del destino de millones de otros judíos, víctimas de las cámaras de gas durante la Segunda Guerra Mundial, fuese después de todo a ser rociado con gas por Saddam.

El gobierno había repartido máscaras de gas entre todos sus ciudadanos. Había sólo un problema: el calor era tan agobiante que la gente caía como moscas cuando se ponían las máscaras, pero era preferible desmayado que muerto. Se temía un ataque iraquí con proyectiles Scud, que podían transportar armas químicas.

Cuando cayó el primer Scud en Tel Aviv yo estaba en Jerusalén. Salté a mi camioneta e inmediatamente mi camarógrafo y yo nos dirigimos a esa ciudad donde permanecimos mientras duró el bombardeo. Nos alojamos en un hotel en la playa desde donde tuvimos visión panorámica de las andanadas que caían noche tras noche; en la primera cayó una a pocos centenares de metros de nosotros. Antes se oían las sirenas de alerta y todos corrían a ponerse sus máscaras. Guillermo Torres y yo no nos las poníamos; las llevábamos colgadas. Nos hubiesen impedido trabajar. Después de todo yo tenía que reportar y él tenía que filmar. Además, pronto se hizo obvio que los proyectiles estaban armados con armas explosivas y no químicas.

Al aproximarse los Scuds se alzaba desde tierra otra andanada de proyectiles, los Patriot, para interceptar aquéllos antes de que cayeran. La intercepción se producía a escasos cien o doscientos metros de tierra y las explosiones eran espectaculares. Los estragos en la ciudad fueron impresionantes. La mayoría de los Scuds cayó sobre el barrio de Ramatt Gan, de judíos sefarditas que hablaban un español antiguo, de la época en que el rey Carlos V los expulsó de los territorios de España. Hablar y entrevistar a las víctimas me resultó fácil. Varias veces mi camarógrafo y yo llegamos hasta el lugar del impacto antes que el ejército y los cuerpos de defensa y auxilio de Israel. Era la ventaja de andar sin máscaras. Israel, estoy seguro, declaró un menor número de víctimas, no sólo para no alarmar a la población, sino también por una razón estratégica.

La Guerra del Golfo puso a prueba la relación de Estados Unidos con sus aliados en el mundo árabe. Para lograr sus objetivos tuvo que asegurarse de que Israel no interviniera en el conflicto. Cualquier respuesta armada de Israel a Saddam Hussein por el bombardeo de Tel Aviv hubiese sido fatal para los esfuerzos de la coalición. El apoyo árabe a la coalición se hubiera retirado. Israel, pues, se contuvo. Pero es un país joven con memoria larga y dotado de gran paciencia. Un día, después de una de las reuniones de prensa con el primer ministro de Israel, le pregunté a uno de sus asesores, el entonces ministro de salud Ehud Olmert: "¿Qué harán con Saddam?" "*We will kill him*", me respondió. "Lo mataremos". Así, a secas, eso es lo que me respondió.

No me queda duda de que lo hubiesen hecho si Estados Unidos no lo hubiese colgado en la segunda Guerra del Golfo.

Luego me trasladé —vía Estados Unidos— a Arabia Saudita.

* * *

Volé a Riad y de ahí a Dahran, en el Golfo, donde estaba centrado el esfuerzo bélico de la coalición. Me alojé en el hotel contiguo al aeropuerto donde estaba todo el grupo de prensa de las grandes cadenas estadounidenses. Me acordé de San Pablo, quien reclamó sus derechos como ciudadano romano. Univisión también era una cadena estadounidense —por más que fuese en idioma español— y yo también soy ciudadano estadounidense. El hotel estaba en el centro de la principal base aérea de la coalición, rodeado de tres anillos de seguridad. Para ingresar había que pasar primero por el anillo de los sauditas; luego por el de la coalición, con estadounidenses en los puestos de control. Y después, ya cerca al edificio del hotel, estaban los *mutawas*, la policía religiosa musulmana encargada de velar por que los extranjeros cumpliésemos con su estricto código religioso: las mujeres sin escote, con brazos debidamente cubiertos, sin enseñar mucha pierna, etcétera. Y por supuesto, que no se bebiese licor, ofensa que se castigaba con latigazos y con la expulsión del país. La prohibición del licor, sin embargo, era burlada casi abiertamente. Muchos extranjeros en posiciones gerenciales y técnicas tenían alambiques en sus casas y ahí destilaban su propio licor. Uno de ellos era un tal Morote, peruano que vivía en un lugar llamado Ras Tanura, al norte de Dahran.

Un día mis compañeros fueron a Ras Tanura, y en casa de Morote bebieron todo el licor que quisieron. Un chileno que trabajaba de productor conmigo decidió llevarse una botella de Chivas al hotel. El problema era por supuesto que tenía que pasarla por el cerco de *mutawas*. Envolvió la botella en una toalla y bajó del vehículo. Se aproximaba ya a la puerta donde estaban los *mutawas* cuando la botella se deslizó por entre los pliegues de la toalla y cayó al suelo haciendo ¡plooff! Él y los demás siguieron caminando hacia adentro como si nada hubiera pasado, mientras las ropas de los *mutawas* que daban vueltas olfateando el alcohol parecían flotar en sus vapores. La escena se transformó en un hormiguero, con los *mutawas* dando vueltitas en busca del culpable. Nunca lo encontraron y nunca más tratamos de llevar alcohol. Fue una de las pocas escenas cómicas que me tocó ver en esa guerra.

En Dahran fui asignado a la fuerza aérea como uno de los reporteros del grupo de cadenas estadounidenses. Se me encomendó la cobertura de dos bases, la de Taif y otra, una base "secreta" en Al Kargh. Era una asignación ideal porque era el periodo crítico de la guerra aérea. Antes, sin embargo, se libró la batalla de Kafji, un poco al sur de la línea fronteriza entre Kuwait y Arabia Saudita, batalla que bien puede haber sido el último enfrentamiento de tanques en formación, puesto que los tanques también se están volviendo obsoletos, al ser blancos fáciles de las bombas "inteligentes".

Quizá la batalla de Kafji haya sido el equivalente moderno a la carga de la caballería ligera en la batalla de Balaklava, en la península de Crimea, la última en la historia del mundo. Nunca más hubo otra.

Una columna de tanques iraquíes había avanzado sobre Kafji y había sido totalmente destruida. Yo llegué ahí a bordo de un avión de la fuerza aérea saudita. Recuerdo algo que me impresionó sobremanera. Había un tanque iraquí que parecía intacto y entré en él por la torrecilla. Sentado en su asiento estaba todavía el cuerpo del artillero, intacto pero reducido al tamaño de un muñeco. Todos sus rasgos físicos permanecían orejas, párpados, dedos pero no medía más de 30 centímetros. Se había empequeñecido, calcinado por el calor de alguna bomba que había estallado muy cerca. Me pareció que si lo soplaba se derrumbaría, pero no, era sólido.

* * *

Al Kargh era durante la guerra una base secreta de Estados Unidos en medio de la península arábiga, al sur de Riad. Ahí había de todo para la guerra moderna... y era muy, muy diferente a otras bases que hubiera conocido.

Para empezar, las carpas que alojaban al personal estaban equipadas con aire acondicionado. Pequeñas unidades portátiles refrigeraban todas las carpas en la inmensa base. Y luego estaban los teléfonos. Nunca se volverán a ver las escenas de soldados dentro de trincheras llenas de barro leyendo cartas bajo la mortecina luz de un farol, al menos no en el ejército estadounidense. La base contaba con teléfonos gratuitos, enlazados vía satélite con Estados Unidos. El soldado no tenía más que levantar el teléfono para hablar con su novia, su madre o quien fuera.

Al Kargh albergaba básicamente dos tipos de avión: el F 14 y el F 14-E. El primero era el bombardero del día. Equipado con bombas "inteligentes", prácticamente no contaba con equipos de defensa. Para eso estaba el F 14-E; la "E" significa "electrónico". Cada agrupación de F 14 que despegaba era acompañada por varios F 14-E cuya misión era de contrarrestar los radares enemigos por medio de irradiaciones de microondas. Cada vez que iba a partir un F 14-E sonaba una alarma y el avión "irradiaba" para probar sus equipos. La alarma advertía a todos que se protegieran de la irradiación, que esterilizaba tanto a hombres como a mujeres. Así, cuando sonaba la alarma, y esto era muy a menudo, había gran ajetreo en la base.

Después de terminada la misión y ya de vuelta en la base los pilotos se reunían en la sede del comando para revisar los videos de la acción. Los periodistas éramos invitados de cuando en cuando, y era verdaderamente impresionante lo que se veía. Bomba tras bomba, todas daban en el blanco. Sí, algunas fallaban, pero comparados estos bombardeos con los de guerras pasadas había gran diferencia. Las escenas que todavía hoy se repiten por televisión de la guerra de Vietnam muestran misiones en que los bombarderos sueltan racimos de innumerables bombas sobre sus objetivos. Una o dos dan en el blanco. Ya no más. Ahora, casi bomba que se suelta, bomba que pega.

En los hangares de la base varios grupos de técnicos se dedicaban a ensamblar las bombas inteligentes, guiadas a su objetivo por medio de un rayo láser. La bomba puede hacer piruetas en el aire para atinar al sitio preciso donde el bombardero ha puesto su mira. Recuerdo una vez que se hizo entrar una bomba por la ventana de aire acondicionado de un edificio fortificado, la única abertura de la construcción.

La guerra aérea fue totalmente dispareja. Los iraquíes eran ablandados incesantemente por andanadas de F 14. Los tanques, las bases y las instalaciones de Irak eran como patos de tiro al blanco. Los pobres soldados iraquíes del frente sur eran víctimas de una psicosis provocada por los bombardeos. Estar en uno de sus tanques y oír el ruido de las turbinas de un avión debe haber sido más que aterrador, verdaderamente enloquecedor. Algunas semanas después me encontré en Irak a un grupo de esos soldados y quisieron desahogar su furia en mí.

El tiempo pasaba de manera rutinaria en la base de Al Kargh, hasta que un día el ritmo de la acción se incrementó de manera desproporcionada. Era obvio que algo nuevo estaba por pasar y yo me convencí de que ese "algo" era el inicio de la guerra terrestre. Mis contactos con los pilotos lo confirmaron y decidí abandonar la base. El inicio de la guerra terrestre no me iba a encontrar a mí, *Descalzi* (¡que ego!), en la relativa tranquilidad de una base aérea en medio del desierto. Salí de regreso a Dahran, rumiando en mi interior la manera de llegar al frente en el momento en que empezara el ataque.

Al llegar a Dahran me di cuenta de que el primer obstáculo para llegar no era el ejército enemigo, ni siquiera el amigo, sino los colegas, los demás periodistas. Éramos como tiburones en frenesí. Todos querían ser "el primero" y fui forzado a cederle el "privilegio" a otro periodista, quien sin embargo se regresó cuando fue detenido en un control en la retaguardia del frente. Lo mismo les pasó a todos los demás que hicieron el intento de llegar al frente. Sólo después me tocó el turno. Elegí como acompañante a Gilberto Hume, excepcional camarógrafo y periodista peruano. Sabíamos que entrábamos en territorio desolado, así es que llenamos de gasolina el vehículo, un Toyota Land Cruiser con tracción en las cuatro ruedas. Acondicionamos el vehículo. Una instalación especial llevaba electricidad del motor al interior de la cabina para recargar las baterías del equipo de video. Y nos aprovisionamos también de agua y comida. Teníamos el vehículo lleno hasta el techo y manejábamos con las ventanas abiertas para no ahogarnos con los vapores de la gasolina que transportábamos en la cabina. Llegamos así hasta el puesto de control donde habían parado a todos los que nos precedieron, y a nosotros también nos pararon. Tuve entonces la misma reacción que había tenido en incontables ocasiones anteriores: *esto no le puede pasar a Descalzi*. Mi personalidad todavía no aceptaba ni los desafíos ni los imposibles, y eso que me había pasado casi ocho meses sin beber gota de alcohol. Mi reacción fue, sin embargo, la típica reacción alcohólica de no aceptar que le dijesen que no a uno. Así es que me puse a pensar.

La hora del avance aliado había llegado. Detrás del frente había columnas de tanques y vehículos militares de todo tipo en formación de batalla, esperando la orden. Era obvio que ésta se iba a dar al amanecer. El tiempo se agotaba para colocarme en posición. Gilberto y yo nos vestimos entonces con uniforme militar, usando ropa de segunda que habíamos conseguido y dos cascos "prestados" que algunos soldados habían dejado en una puerta. Luego ocultamos el Land Cruiser detrás de una duna y lo camuflamos para que pareciese un vehículo militar. Con cinta adhesiva de color rojo (no recuerdo de dónde la sacamos) le colocamos las "V" invertidas con que estaban marcados los vehículos de la coalición, de tal manera que el nuestro parecía pertenecer al grupo del desierto. Luego esperamos a que llegara la alborada, esa hora mágica, justo antes del amanecer, en que menos alerta parece estar el ser humano en su ciclo de 24 horas. Subimos al vehículo y nos dirigimos a toda marcha al frente. Llegamos a la garita y, al no haber nadie cerca, la cruzamos. Luego por el espejo vi gente que corría detrás de nosotros dando gritos pero lo hicieron demasiado tarde.

Empezamos a zigzaguear entre columnas de tanques, y los soldados, pensando que éramos oficiales o algo parecido ¿quién más iba a ir a toda marcha entre vehículos de guerra? nos saludaban al pasar. Nuestra "huida" al frente continuó así hasta que de pronto el frente entero se puso en marcha, no a paso de tortuga sino de oruga: lenta, lentamente. Nosotros íbamos más rápido que el viento y la tropa seguía saludándonos como si fuésemos el "coronel Hume" y el "general Descalzi" como bromeábamos entre nosotros. Todo a nuestro alrededor era una nube de polvo y arena levantada por el frente en movimiento hasta que de pronto, súbitamente, salimos de la nube... y no quedaba nada, absolutamente nada delante de nosotros; sólo la arena del desierto iluminada por los primeros rayos del amanecer. Habíamos cruzado el frente de la coalición y estábamos en tierra de nadie entre los dos frentes, el de la coalición y el de los iraquíes.

¿Qué hacer? ¿Avanzar y llegar al frente iraquí? ¿Quedarse y ser arrollados por el frente de la coalición? ¿Dar marcha atrás y ser detenidos por los aliados, o peor, ser arrollados por ellos? Decidimos avanzar. Nos pareció lo más prudente y lo hicimos a toda marcha. Por fortuna, sin saberlo nosotros, los iraquíes habían emprendido la retirada sin mirar atrás, también a toda marcha, así que avanzamos sin oposición alguna.

Había muchas cosas raras. Para empezar, el día no terminó nunca de amanecer. Habían pasado ya tres horas desde el alba y nos aproximábamos a la ciudad de Kuwait, pero seguía habiendo tan poca luz que parecía de noche. La razón era que los iraquíes habían prendido fuego al gigantesco complejo petrolero de Kuwait, y aunque no veíamos todavía los incendios, sufríamos sus efectos. Uno de ellos era que el cielo estaba totalmente cubierto por una espesa capa de humo negrísimo y amargo.

Avanzábamos sobre la arena porque la carretera había sido destruida, bien por bombas aliadas, bien por la tracción de los tanques de guerra, o a propósito, por los iraquíes, para evitar el avance. Y a medida que nos acercábamos a la capital kuwaití empezamos a ver sobre la arena munición de gran calibre, explosivos y bombas que el ejército en retirada dejaba atrás. El avance se había vuelto extremadamente peligroso y tuvimos que ejecutarlo con gran cuidado.

Hacia el mediodía de la primera jornada de la guerra terrestre, Gilberto Hume y yo nos convertimos en los primeros periodistas occidentales en llegar a la capital kuwaití, antes de que llegaran las tropas de la coalición. Solamente un equipo de tropas especiales de la marina, los Navy Seals, llegó antes para tomar posesión de lo que fuera la embajada de Estados Unidos.

Fue un día que nunca amaneció.

Al caer la tarde la oscuridad seguía siendo la misma que en los primeros instantes de la mañana. La tropa continuó desplegándose por la ciudad hasta ocuparla.

Esa noche, Gilberto y yo dormimos en el departamento de unos kuwaitíes a los que conocimos durante el episodio de la botella de Chivas.

Capítulo seis

A nuestra llegada, Kuwait era un campamento armado y abandonado. Por donde uno fuera encontraba armamento, tanques abandonados y uno que otro cadáver "viejo".

A lo largo de la costa se habían cavado trincheras en previsión de un desembarco. Estaban repletas de armas y municiones que los iraquíes habían dejado atrás en su apresurada huida de la capital. De cuando en cuando encontrábamos tanques y otros vehículos militares abandonados. Entonces empezamos a notar la presencia de cadáveres "frescos".

Eran cuerpos de civiles y estaba claro que, como estaban aún frescos, no habían muerto a manos de iraquíes. No tardamos mucho en darnos cuenta de que eran palestinos sobre quienes la población local descargaba su ira. La Organización para la Liberación de Palestina, OLP, había apoyado a Irak después de la invasión. No importaba que esos mismos palestinos hubiesen sido sus sirvientes y que se hubiesen quedado a servirlos durante la ocupación iraquí; sobre ellos descargaron su ira. Los humildes cocineros, los que limpiaban las casas de las señoras de Kuwait, de ellos eran los cadáveres frescos. No importó que su lealtad los hubiera obligado a quedarse sirviendo durante la ocupación iraquí en vez de huir a través de Jordania como lo hicieron los millones que se fueron. Palestino encontrado era palestino muerto.

En el departamento kuwaití donde pasamos la primera noche encontramos a Rahman, un sirviente palestino. Rahman nos sirvió de guía durante nuestra estancia en la ciudad. Cuando nos retiramos de Kuwait ya los estadounidenses habían controlado la situación y al parecer la vida de los palestinos no corría más peligro.

* * *

Pasado el mediodía, el grueso del cuerpo de prensa hizo su entrada en la capital liberada. Llegué en un vuelo especial desde Dahran y entré en la ciudad en un autobús escoltado por vehículos repletos de militares armados hasta los dientes. Hicieron un recorrido surrealista de la ciudad liberada. Un "guía" los llevó por el palacio de fulano de tal, por la embajada estadounidense, etcétera, parando unos minutos en cada lugar. Como si fueran turistas japoneses, los periodistas bajaban en rebaño a tomar sus fotos o su video en paradas cronometradas. Los seguí por la curiosidad de ver cómo nuestro cuerpo de prensa cubría el episodio. Tras cada parada subían de nuevo al autobús y en cuestión de minutos estaban ya en otro lugar haciendo lo mismo, como niños de paseo en la "Cueva del ladrón de Bagdad".

La cobertura de la prensa en esta guerra fue espectacular, aunque no por lo que reflejó, sino por lo que no reflejó. Cuando el general Gus Pagonis me dio su cálculo de unos 200 a 300 mil iraquíes muertos (cifra luego muy reducida) me quedé pasmado porque en los videos la prensa no había mostrado uno solo, y es que el ejército de Estados Unidos había aprendido su lección en Vietnam. La guerra estaba bien para las fuerzas armadas pero no para estómagos civiles. El estómago civil es débil, no aguanta escenas crudas.

La cobertura de esa guerra fue "cocinada" para quitarle la crudeza, y ni un solo reportero "oficial" transmitió cosa alguna que no hubiese pasado por la cocina militar. Sólo algunos locos "extraoficiales" se atrevieron a aproximarse a la realidad, y la prensa oficial los aisló. Un compañero de prensa, el mismo que me había obligado a esperar que él intentase primero el cruce de la frontera por tierra, me manifestó su enojo porque yo había llegado primero que nadie, fuera del "círculo oficial". Me lo dijo cuando lo encontré en el autobús. Me gané su animosidad por el atrevimiento de llegar primero.

Funcionaba con tres lemas profesionales: *"Per aspera ad astra"*, *"Et lux in tenebris lucet"* y *"Et veritas liberavit vos"*, herencia de mi educación católica: "Por lo áspero hasta las estrellas", "la luz brillará en la oscuridad" y, cómo no, "la verdad os hará libres".

* * *

El recorrido oficial de prensa por la liberada Kuwait acabó en menos de dos horas y volamos de regreso a Dahran. Con el mismo compañero que me había manifestado su enojo envié a casa el video de la entrada de la coalición para su transmisión. Todo está bien si acaba bien, y las tomas que hicimos llegaron por mano hasta Dahran y de ahí fueron transmitidas el mismo día. Fueron las primeras tomas de la llegada de la coalición a Kuwait y nuestra advenediza cadena hispana había ganado por puesta de mano a todas las demás.

* * *

Las siguientes noches las pasamos en el casco vacío de un gran hotel donde la coalición había establecido su cuartel general. Gilberto y yo nos alojamos en dos cuartos alrededor de la piscina. Poco a poco empezaron a llegar otros periodistas que, como nosotros, se atrevían a efectuar el cruce por su cuenta. Para mí ésa era una señal inequívoca de que había llegado el momento de moverse.

Yo que a menudo me vi en la periferia del acontecer humano, en sus márgenes más extremas, cuando viví en la calle me pregunté por qué había sido así. Creo que es porque el grado de mi inseguridad era tal que yo llegaba de manera natural hasta la periferia, hasta las márgenes más lejanas, hasta las fronteras de la acción humana... para estar solo. Creía que ahí me desenvolvería bien. Debo haber creído de alguna manera extraña que la normalidad era anormal para mí.

Le echaba la culpa a la "normalidad" por mi falta de adecuación a ella y encontraba tranquilidad casi solamente en los extremos, en donde prácticamente se agota la competencia. Ése fue quizá parte del secreto de lo que me llevó al éxito. Mi falta de paz en la normalidad me llevó a salir de ella. No podía quedarme dentro de las normas porque era incapaz de convivir con otros. Buscaba la soledad porque en ella había paz. Cuando la normalidad me alcanzaba era indicio seguro de que para mí había llegado nuevamente el momento de moverme.

El día en que el resto de la prensa empezó a llegar al hotel me volví hacia Gilberto y le dije que era tiempo de irnos. ¿Hacia dónde? Hacia Irak, por supuesto.

* * *

Gilberto y yo decidimos ir a Basora, en la confluencia de los ríos Tigris y Éufrates.

Basora la mítica. El área entera está llena de mito y leyenda. En el extremo norte del Golfo Pérsico, es el puerto del cual partía y al cual volvía el legendario Simbad, el marino, en cada uno de sus viajes. Fue cuna de leyendas desde tiempos inmemoriales. Cerca de ahí el rey Hammurabi de Babilonia acuñó la ley de ojo por ojo y diente por diente, que el día de hoy aún guardan el pueblo judío y el islam. Después de reaprovisionar el Toyota Land Cruiser nos dirigimos a Basora. Hacerlo en la doblemente ocupada ciudad de Kuwait no fue tan fácil como en la bien surtida Dahran. Otros periodistas nos dieron un galoncito de gasolina por aquí, un galoncito de agua por allá, hasta volver a llenar todos los recipientes que llevábamos en nuestro vehículo. El agua fue más difícil de obtener. En la calle el galón de agua esta' más caro que el de gasolina, pero para el ejército no hay i impresionante ver los tanques de agua y comb Eran como vejigas inmensas tendidas stible era transportado por av a presión a través de cu una roca pero porosos como piedra volcánica. El agua filtrada a presión a través de estos cubos dejaba todas sus sales, minerales e impurezas en los poros de los polímeros.

Cuando llegó el momento de partir estábamos ya bien aprovisionados. A la salida de Kuwait encontramos más cadáveres "frescos", señal de que la matanza de palestinos no se había detenido del todo. A Rahman, nuestro guía, lo habíamos "cedido" a otros periodistas hasta nuestro regreso, encargándoles que lo cuidasen. Nosotros no lo sabíamos, pero nos habíamos convertido en personajes por nuestro atrevimiento, y entre los periodistas hubo varios que viéndonos hacer preparativos se habían alistado para seguirnos sin saber adónde íbamos. Así, a una distancia prudente de nosotros, tan prudente que no los veíamos, nos seguía una columna de cuatro Land Cruisers más con equipos de la CBS, la BBC, Antena 3 y alguno más que no recuerdo.

A la salida de la ciudad de Kuwait nos esperaban los espectáculos de la guerra... Vimos el acontecer descarnado. Lo primero fue la destrucción y el caos que la coalición sembró entre los iraquíes. El ejército de ocupación de Irak se había retirado de la ciudad de Kuwait con todo lo que pudo robar, desde alfombras hasta sacos llenos de dinero, motocicletas y automóviles nuevos remolcados por tanques y camiones. La codicia no sabe de dignidad. El espectáculo daba risa.

Eran columnas de muerte comportándose como patéticas prostitutas que escapan con lo que sacaron de su último cliente. Salieron en caravana de vehículos militares arrastrando toda clase de transportes civiles robados. Todos los televisores y artefactos eléctricos de la ciudad parecían estar en ellos, tan grande fue su codicia.

Cualquiera se imagina que un ejército en retirada trataría de ir lo más ligero posible, pero no fue así. Iba tan cargado que avanzaba con pies de plomo y lo alcanzaron antes de que cubrieran la mitad de la distancia a la frontera con su país. La coalición lo atrapó en un movimiento de pinzas, con la aviación por encima, y lo destrozó totalmente. Al fin de la batalla un ejército de palas mecánicas apartó lo que quedaba de ellos a un costado de la carretera, donde se formó un cementerio rebosante de mercadería desecha.

Se produjo entonces el segundo espectáculo, cuando la población civil de la ciudad de Kuwait llegó a saquear... el saqueo. En los días subsiguientes el pueblo de Kuwait se apersonó en el lugar, y entre destrozos y cadáveres se veía a kuwaitíes aparentemente refinados recogiendo mercadería como niños en un almacén de juguetes. Yo me llevé como trofeo una pequeña alfombra que milagrosamente había escapado de las llamas.

Fue después de ésa, la última batalla de la guerra terrestre, que el general Gus Pagonis encargado de la logística dio su cálculo de entre 200 y 300 mil iraquíes muertos.

Fue una matanza desproporcionada. Del lado estadounidense el episodio de mayor mortandad fue de 27 soldados muertos, cuando un proyectil Scud cayó casi por accidente encima de unas barracas contiguas al hotel en que nos alojábamos en Dahran.

* * *

Cuando salimos de ese paraje encontramos otro espectáculo. Delante de nosotros se abría como rosario una cadena de pozos en llamas. El petróleo que la antigüedad sembró en el desierto aparecía hoy sobre la superficie en flores de fuego.

El terreno estaba minado y lleno de munición sin explotar. De cuando en cuando nos encontrábamos con equipos del ejército en la tarea de detonar explosivos que el enemigo había dejado en su apresurada retirada. Avanzamos con sumo cuidado.

Llegamos así a la frontera entre Kuwait e Irak, donde encontramos una columna armada del ejército de Estados Unidos. Habíamos llegado justo a tiempo para la firma del armisticio que puso fin a las hostilidades. Habían cerrado la carretera porque se esperaba el aterrizaje en cualquier momento del avión que conducía al general Norman Schwarskopf. Por el lado de la coalición él iba a estampar su firma en el cese al fuego con Irak, luego de que éste aceptara las condiciones impuestas por las Naciones Unidas. La coalición no entraría en territorio iraquí.

La decisión tomada por el presidente de Estados Unidos de detener la guerra antes de ingresar en territorio iraquí fue en parte por temor a Irán y en parte porque invadir Irak hubiese necesitado una ocupación prolongada de Estados Unidos y esto lo hubiese arrastrado a un torbellino inimaginable, cosa que el hijo de ese Bush, el "otro" Bush, desdeñó de manera olímpica.

De haber caído Saddam Hussein y de no haber entrado Estados Unidos a llenar el vacío, se hubiese producido una hegemonía de Irán sobre toda el área, algo igualmente inaceptable para George Bush padre y para los poderes del occidente. Éstos estaban en la región como sentados en un potro salvaje.

Su capacidad de permanencia era muy endeble. Considerándolo en frío, imparcialmente, el presidente de Estados Unidos determinó que la presencia de Saddam Hussein era necesaria. Y ordenó que se firmara el cese al fuego respetando el *statu quo ante bellum*.

Lo acertado del juicio de Bush padre en ese instante, cuando detuvo la guerra sin invadir Irak, fue puesto de relieve tras el inmenso error de su hijo, al entrar en Irak en la segunda guerra del Golfo.

Tan pronto se firmó el cese al fuego, fue abierto el cruce de la frontera. La columna estadounidense que resguardaba el área se replegó dejando la frontera completamente libre. Del lado de Irak no se veía un solo soldado... Sólo algunos kurdos permanecían alrededor y agitaban sus manos en efusivo saludo, como si los periodistas fuésemos sus libertadores. Montamos el Toyota y cruzamos rumbo a Basora, la ciudad de Simbad en la tierra del ladrón de Bagdad. No había tropas iraquíes en los alrededores. La tierra estaba como chamuscada, salpicada de agujeros y cráteres de bombas y sobre ella colgaba el humo amargo de las nubes de petróleo ardiente. De cuando en cuando algunos pobladores corrían hacia nosotros mano en alto, saludando, mirando con asombro estas apariciones que venían desde donde hasta hace poco había venido sólo muerte por aire. Nos deteníamos a conversar con ellos, que pertenecían a la población local masacrada por Saddam. Los equipos de televisión que nos seguían se habían ya acercado a nosotros y efectuaban sus propias entrevistas a una distancia respetuosa. Ejercíamos así la profesión cuando empezaron nuevamente los problemas.

* * *

La carretera estaba salpicada de cráteres, por lo que manejábamos
en zigzag. Lo que es peor, la superficie entera estaba cubierta de
esquirlas y trozos de metal afilado, de modo que muy pronto
las cuatro llantas y la de repuesto estuvieron destrozadas... No
sólo tenían huecos, sino que estaban literalmente deshilachadas.
Nos encontrábamos pues en territorio enemigo sin medio de
transporte. La solución era obvia. La carretera estaba salpicada
de vehículos bombardeados, la mayoría de ellos con llantas intactas. Lo que teníamos que hacer era encontrar vehículos con
llantas que pudiésemos colocar en el nuestro. La mayoría de los
vehículos eran chinos o soviéticos, y sus ruedas no ajustaban en
el Toyota... En fin, avanzamos así, cambiando llantas porque las
que colocábamos volvían a destrozarse y teníamos que "liberar"
más. Fue un andar lentísimo. Algunos kilómetros de avance,
un par de llantas destrozadas, un par de llantas cambiadas, y
así seguíamos.

* * *

De esta manera llegamos a las afueras de la legendaria Basora.
Fue entonces que empezamos a ver soldados nuevamente. Era
gente enloquecida, con los ojos abiertos en contemplación
estática de algún horror profundo. Eran sobrevivientes de la
retirada y de los incesantes bombardeos. Translucían pánico,
y en el rictus de su boca estaba impreso el odio que sentían.
Una columna se acercó a nosotros a toda carrera, mano en alto,
indicándonos que parásemos. El problema es que Gilberto y

yo nos confundimos y creímos que nos estaban saludando. Así pues, paramos, y fuimos blanco de su odio.

Seguramente no había deseo más ferviente en ellos que ver soldados estadounidenses para descargar su furia, y a sus ojos éramos tan soldados como el que más. Paramos justo a la entrada de Basora y mientras Gilberto y yo nos orientábamos me di cuenta de que uno de ellos venía hacia mí a la carrera, bayoneta en ristre apuntándola a mi cuello por la ventana abierta del vehículo. Estaba a punto de ensartarme cuando Gilberto se dio cuenta y apretó el acelerador a fondo. El vehículo dio un salto, la bayoneta pegó a un costado y el motor se ahogó.

Varios soldados cayeron al instante sobre el vehículo, recostándose sobre el motor y apuntándonos con sus AK. Gilberto me dijo: "Hermano, nos metieron la yuca". Nos obligaron a bajar y estoy seguro de que nos iban a matar, cuando de pronto, como en uno de los cuentos de Simbad, llegaron los demás vehículos de periodistas que venían detrás. Tuvieron un recibimiento similar al nuestro, con excepción del incidente de la bayoneta. También fueron obligados a bajar, pero ya con tanto occidental armado de cámaras los soldados iraquíes empezaron a sentirse menos seguros de lo que habían estado a punto de hacer. No era lo mismo matar a dos que matar a una veintena, así es que nos llevaron con las manos en alto hasta el lugar donde estaba su comandante, quien procedió a preguntarnos en su medio inglés qué es lo que estábamos haciendo ahí. Se había firmado el cese al fuego, le dijimos, y habíamos ingresado en su territorio para comprobar que en realidad se estuviese cumpliendo. "El cese al fuego se firmó hoy", nos informó el comandante, "pero entra en efecto mañana", a lo que un británico de la BBC, haciendo gala de la flema inglesa respondió: *"Oh, so sorry. Our mistake. We shall return tomorrow then..."* ("Oh, lo sentimos mucho; el error es nuestro. Volveremos mañana pues...").

Se dio la media vuelta y a paso lento marchó a su vehículo. Gilberto y yo, los únicos lo suficientemente cerca para escucharlo, caminamos tras el inglés. No volteamos una sola vez a ver lo que pasaba. Los demás se quedaron y permanecieron presos varios meses. Yo creo que el comandante se quedó tan estupefacto por la respuesta del inglés que no atinó a reaccionar sino hasta después de que nos fuimos, y además no habría creído en ese momento que fuésemos a llegar muy lejos. Sus soldados habían bayoneteado todas nuestras llantas, cosa que afortunadamente ya habíamos aprendido a resolver. También habían cercenado los cables que iban del motor a la cabina para la recarga de las baterías. Creerían quizá que así inutilizarían el motor. Cuando subimos al vehículo nos miraron con ojos risueños como aguantando la risa y cuando el vehículo salió disparado marcha atrás a toda velocidad no atinaron tampoco a hacer nada.

Avanzamos durante un tiempo sobre ruedas con diámetros dispares, moviéndonos como pato, subiendo y bajando de lado a lado. No nos siguieron porque tras los bombardeos los iraquíes tampoco tenían un vehículo que funcionara. Recordé con no poco agradecimiento la puntería de los pilotos de Al Kargh. Muchas veces después de sus misiones nos habían invitado a ver el video de los bombardeos, y en él vimos tanque tras tanque, vehículo tras vehículo, ser alcanzado gracias a las guías láser de sus bombarderos.

Al caer la noche nos encontramos nuevamente cerca de la frontera kuwaití. Fue un anochecer rapidísimo. Habíamos entrado nuevamente en el manto oscuro de los incendios petroleros. Así como los amaneceres eran lentos y tardíos, los anocheceres eran rápidos y tempranos, ofreciéndonos protección de los peligros.

Cruzamos la frontera ya hacia el amanecer.

* * *

Cuando llegamos a la ciudad de Kuwait declaré terminada mi guerra y volví a casa.

De regreso, en Estados Unidos se alistaban las elecciones presidenciales. George Bush, que había parecido incontenible durante la guerra, cayó víctima del extremismo de ultraderecha de su propio partido.

Tanto los demócratas como los republicanos son víctimas preferidas de ambos extremismos en Estados Unidos. La extrema izquierda busca albergue en el partido demócrata, y la extrema derecha en el republicano. Ambos partidos, el republicano y el demócrata, son exitosos cuando logran rechazar los avances de sus extremos, pero cuando caen presa de ellos tienen grandes problemas en la elección presidencial. Debe ser sólo por gracia divina que hasta la fecha no se le ha presentado al pueblo estadounidense la desgracia de tener que elegir entre los dos extremos: la ultraizquierda liberal demócrata y el ultraderechismo conservador republicano. Siempre ha habido por lo menos un candidato bajo cierto control del centro. Esta vez el partido republicano se había enamorado de su ala derecha y el presidente Bush, centrista por naturaleza, la cortejaba sin darse cuenta del desastre que ello le significaría.

* * *

Había llegado para mí el momento del cambio. Algo, un antiguo Guillermo, estaba muriendo dentro de mí. Había visto demasiado para seguir en la ambigüedad, en el mundo de las medias verdades, de la vida en dos senderos. Mi vida reclamaba una respuesta una sola a alguna pregunta que yo mismo no lograba formularme. Me sentía como el personaje del cuadro *El grito* de Edvard Munch. Llevaba los ojos y la boca abiertos en expresión silenciosa de algo que no podía formular. Era como si las nubes de humo de Kuwait se hubiesen quedado dentro de mi alma, oscureciendo aún más el camino que había recorrido a ciegas durante casi toda mi vida.

La duplicidad de mi existencia tenía que terminar. Mi dependencia, la posesión de mi ser, tenían que recibir la estocada final... y no sabía como darla.

Pasé meses sabiendo con toda claridad que estaba llegando al final de mi cuerda. Seguía dirigiéndome durante las mañanas al edificio de vidrio y mármol que albergaba mi oficina en la colina del Capitolio, sabiendo que no quería volver más a ella, pero sin atreverme a parar. Buscaba una salida "fácil", buscaba escapar de la responsabilidad del momento, buscaba no tener que ser yo quien le diera el tiro de gracia a la vida que quería dejar. Tenía miedo de la verdad, ansiaba todavía la cubierta de la oscuridad. Mi himno personal seguía siendo "La cucaracha".

Me sabía débil porque conocía con claridad el profundo grado de mi posesión. Era un poseído.

Al final fue mi subconsciente el que me sacó de la encrucijada. Un día simplemente me drogué tanto que no pude volver al trabajo y después de ello enfrenté la decisión. Renuncié a mi empleo de 19 años.

Había llegado al final de mi cuerda. Trabajé por dos años más dando tumbos, en Telemundo y en el canal de noticias NBC, pero carecía de estabilidad, así, finalmente, me caí del caballo... o de la bicicleta.

Perdí el equilibrio de tal manera que acabé en 1994 viviendo, literalmente, en la calle.

* * *

Desde un departamento en uno de los mejores suburbios de Washington me dediqué durante tres meses a mi transición a la calle.

Empecé por encontrar mi zona de acción, el lugar donde fui a vivir mi vida de mendigo. Es así como llegué a Adams Morgan en Washington D.C., un barrio relativamente pobre que se había convertido en el centro de la población hispana de la ciudad. Era también el barrio bohemio, a donde llegaban los esnobs de la capital para comulgar con la baja humanidad, para recibir su cuota de sentir comunal, para sentirse noblemente tercermundistas y en algunos casos para satisfacer también su necesidad de bajeza al descubierto.

Mi vida en las calles comenzó con el despojo de mi personalidad ficticia.

Filosofía de la calle # 4

Quizá toda personalidad sea ficticia en el sentido de que la personalidad no es el ser pero cree serlo. La personalidad es algo así como el agente de relaciones públicas del ser. Y como toda relación pasa a través de ella, poco a poco llega a creerse dueña de la "enteridad" del ser. La personalidad es notoriamente megalómana. Suele encajonar y torcer a la totalidad de "su" ser hasta que éste empieza a cumplir su voluntad. Todos sufrimos así de la tiranía de la personalidad durante gran parte de nuestras vidas. El ser cuya existencia transcurre así, bajo la cubierta de la personalidad, vive invariablemente una ficción, porque la personalidad no es más que *pose y relación*. Es *manera*. No es *contenido*. Cuando la personalidad actúa como si tuviese contenido real, se vive una ficción… Es ficción porque la personalidad se cree ser y esencia, y es sólo pose y manera. Cuando la personalidad se adueña del ser se substituye la esencia por la pose…

La personalidad legítima es "natural". Hay características ineludibles en la personalidad de todos y cada uno de nosotros. Son rasgos que obedecen a alguna necesidad del ser, a la química de nuestros organismos, a la herencia de nuestros padres y a determinadas circunstancias de la vida que nos marcaron de manera indeleble. Eso es lo natural en las personalidades legítimas.

Hay aspectos en la personalidad que crecen sin causa necesaria. Son rasgos ilegítimos en la personalidad. Son los cánceres del ser. Son aspectos "ficticios" de la personalidad, ficticios porque adquieren tal envergadura que creen haber adquirido substancia y esencia, y no, no es así. Crecen como enredadera alrededor del ser al que debieran de servir, hasta que lo ahogan con su crecimiento sin control. Son ficticios porque suplantan al ser y beben y comen a nombre de él.

Las ansiedades que tanto caracterizan nuestras vidas son gritos de nuestros seres oprimidos por sus personalidades enredaderas.

Son gritos de vidas que no logran encauzar sus personas sino que son encauzadas por ellas.

Hay que despojarse de todo lo ficticio. El proceso de renacer implica una tremenda poda de la personalidad. A veces podamos nosotros, a veces nos poda, quién más, la verdad.

Empecé a despojarme de mi personalidad en el trabajo. Acababa de cumplir seis meses de un contrato de tres años con NBC en español, y era obvio que no podía continuar en él. Lo que antes había visto con pánico, la perspectiva de perder un empleo, ahora lo contemplaba como una necesidad. Sencillamente no podía seguir, por miedo.

Comenzó así mi huelga contra el discreto encanto de la burguesía. Había empezado sin saberlo mi búsqueda de lo esencial. Creo que el no saberlo conscientemente garantizó su autenticidad. De lo contrario me hubiese rodeado de poses. Luego de tres meses, la NBC finalmente dejó de pagarme el salario y me envió una carta suspendiéndome hasta que volviese a la cordura y me sometiese a examen médico.

El despojo externo fue relativamente fácil. Vino con naturalidad por la pérdida del empleo y del dinero. Lo interno fue más difícil. ¿Cómo llegué a despojarme de actitudes que había mantenido durante toda una vida? ¿Cómo llegué a despojarme de mis ansiedades, miedos, temores, vicios, dependencias?

A nadar se aprende nadando. Me despojé, despojándome. Haciéndolo. El secreto está en eso: en ejercer la verdad, y hacer es ejercer la verdad. Por eso el trabajo libera: porque es un hacer. Es distinto a fingir. El hacer libera porque la verdad libera… El fingimiento oprime.

Había transcurrido casi un mes de mi huelga cuando cambié mi traje italiano por el del pordiosero que encontré en la estación del metro de Friendship Heights, en Bethesda, Maryland. Fue un acontecimiento mayor. Facilitó grandemente mi comunión con los otros mendigos de la ciudad. Hasta ese momento habíamos estado separados por la infranqueable barrera de la apariencia. A partir de ese momento empecé a sentarme junto a ellos sin que se apartaran y empezaron en mí cambios más profundos. Llegaron de manera natural.

Entre los primeros amigos que hice en la calle estuvo Julito, un marielito afrocubano que cuando estaba sobrio era una bella persona pero cuando caía bajo el influjo del *crack* se convertía en su prisionero. Estaba también Lázaro, otro negro cubano que paraba en la misma esquina que Julio, en la calle 17 con Columbia Road en Adams Morgan, una esquina que en ese otoño de 1994 tenía lo que más quieren los desamparados: una licorería y una lavandería. La lavandería era refugio contra el viento helado que comenzaba a soplar del norte, y la licorería era para los desamparados el refugio contra los vientos que soplan de su interior. Las licorerías en Washington abrían a las nueve de la mañana, así que minutos antes de esa hora se formaba frente a ella una fila de alcohólicos como si fueran enfermos graves esperando que abrieran la farmacia.

El día que conocí a Julito, él estaba sentado en la acera junto a la licorería, cantando a voz en cuello a la espera de que abriera sus puertas. En el aire flotaban ritmos afrocubanos. Como de costumbre el grupo había juntado sus recursos de 10 en 20 centavos hasta completar lo necesario para una botella. La unión es... por necesidad, porque no tienen lo suficiente para compras individuales. Cuando ese día llegué vestido de mendigo y con cara de necesitado, fui bien recibido. Me reconocieron de mi vida anterior en la televisión, y si bien les fue difícil verme en mi nueva modalidad hubo algo que facilitó mi aceptación: por años me había aparecido en esa misma esquina a comprar paquetitos de marihuana de a 10 y 20 dólares.

Fui el *hit* del momento. Esos primeros días en la calle fueron relativamente suaves. La gente me quería cobijar, pero me sentía incómodo. Para mí era todavía un problema dejarme rodear por gente a la que había aprendido a despreciar, rechazar y temer.

Ese primer día en la esquina, Julio, Lázaro, Zapatón, Armando y Chuleta reunieron pronto el dinero para su botella de Velikoff y la compartieron conmigo. Bebían como *gentlemen*, de un vasito de papel aplastado. Cuando el Velikoff tuvo el efecto previsto el grupo arreció sus canciones a voz en cuello, conmigo en medio.

Algún tiempo y un par de botellas después vi por el rabillo del ojo una figura conocida, al embajador Patiño de la República Argentina. ¡Qué miedo me dio en mi vanidad ser visto así! Había llegado al momento de la verdad. Fui presa de un pánico muy repentino, como suelen ser todos los pánicos. El embajador siempre me había visto como hombre elegante, pretencioso, en control de su situación, acompañado de asistentes y productores. Ahora estaba a punto de verme sucio, harapiento, entre mendigos y alcohólico. No. Tuve el impulso de correr, y lo primero que hice fue alejarme del grupo, pero otro pensamiento asaltó mi conciencia: no sólo estaba siendo cobarde, sino también un traidor a esos borrachos que me estaban acogiendo. Me armé de valor, volví al grupo, tomé otro trago —largo— de su vodka y esperé. Cuando llegó Patiño me dio la mano, me entregó un billete de a 20 dólares y siguió de largo. Recuerdo el momento como el de mi primer despojo interior.

En esos primeros días vi algo que me recordó un incidente de mi vida anterior...

La calle Columbia Road tiene dos parques en el corazón del área hispana, el de las ratas y el de las palomas, y se llaman así porque tienen poblaciones perennes de esas dos especies precisamente. Las palomas grises son como ratas del cielo en las ciudades estadounidenses, y lo que en otros países son las blancas palomitas del amor aquí son las grises palomas de su cemento frío.

Ratas en la noche, palomas en el día, ambas se disputan los desperdicios del tráfico humano, y ambas llevan su carga de enfermedad sobre la piel y debajo de sus plumas. Con ratas y palomas, como en una trinidad local, los borrachos y adictos compartíamos los desperdicios.

Un día, sentado en el parque de las palomas, delante de mí estaba un negro, de pelo blanco, bebiendo una Old English 500, una de las cervezas preferida de los alcohólicos de la calle por ser la más barata y embriagadora: una botella grande se vendía por un dólar diez centavos.

Este viejo tomaba su cerveza directamente de la botella, camuflada dentro de una bolsa de papel marrón, cuando otro negro, un joven de menos de 30, se la arrancó de las manos. El viejo la recobró, el joven le dio un manotazo y, total, la botella cayó al piso y se hizo añicos. El viejo sacó una navaja, el joven sacó otra… y se la hundió en el estómago al viejo. Todo ocurrió en menos de 30 segundos, delante de mí, por una botella de cerveza.

Recordé historias de cómo al principio la cuchillada se siente como un golpe y nada más; recordé haber visto en tardes de toros al animal herido dar vueltas y vueltas como si nada hasta caer al suelo. El viejo igual. El joven se dio a la fuga y el viejo alzó las manos creyéndose ganador.

Un hombre por una botella. Shakespeare pone en labios de Enrique III su inmortal "mi reino por un caballo"; las cosas no han cambiado mucho. En la Guerra del Golfo fueron cientos de miles de hombres por unos barriles de petróleo…

Las líneas de demarcación entre el mundo de arriba y el mundo de abajo empezaron a borrarse desde mi primer día en la calle. Había pensado que la diferencia entre ambos era más cualitativa que cuantitativa. Que no era una cuestión de tener, no tener o de cuánto tener lo que marca las diferencias, sino más bien la calidad de las vidas en esos mundos. Ahora empezaba a parecerme más bien que cualitativamente los seres de ambos mundos somos muy parecidos; que no era en realidad una brecha de calidad lo que nos separa, sino meramente un abismo de cantidad. Empezó a parecerme que cualitativamente ambos estratos no sólo son similares sino iguales, y que la diferencia es sólo cuantitativa, una cuestión más de cuánto que de cómo.

Recuerdo también haberme preguntado repetidamente cuánto pueden pensar en la calidad humana de la gente las compañías que fabrican las cervezas y los licores muy baratos, a sabiendas de que la inmensa mayoría de quienes los consumen lo hacen en circunstancias de desesperación, y promueven su artículo de muerte como si fuese ángel de salvación. El camello, la cobra, el toro, son símbolos de productos cargados de muerte, abonos de personalidades desquiciadas que ahogan al ser del que se nutren.

La Casa. Ese era el nombre de un refugio para desamparados en el corazón del barrio latino de Washington. Estaba sobre la calle Irving. Muchas veces en medio del frío más intenso del invierno llegué a sentir el impulso de cobijarme en el aire cálido de su interior. Nunca lo hice. Siempre supuse que estar en la calle tenía su propia dignidad. Y siempre supuse que la dignidad moría en los refugios.

Había pocas cosas peor diseñadas y peor administradas que los refugios para indigentes en la capital del país. El refugio carece de lo vital: carece de belleza, sin lo cual el alma sana no puede subsistir. Carece de amor, sin el cual el espíritu se apaga. Y carece de verdad, con lo cual el refugio se transforma en centro de oscuridad y muerte. El refugio típico para desamparados trata a la gente como animal de rebaño.

En el mundo de la calle hay dos categorías: el que vive en refugios y el que vive fuera de ellos. Fuera, la gente tiene que ejercer su libertad para subsistir. Dentro, esa calidad vital del espíritu humano, la libertad, no tiene oportunidad de florecer. En los refugios están los que ya han sentido el sabor de la institucionalización y se han conformado: ex prisioneros, enfermos mentales y aquellos que en general han dejado de buscar dentro de sí. Las camas en La Casa, una a medio metro de distancia de la otra, no daban lugar a privacidad alguna, y uno de los empleados del lugar... vendía *crack*.

Así son los refugios que conocí, cuevas negras de la oscuridad del alma. Es tan difícil escapar a la oscuridad dentro de ellos...

Nunca, ni un solo día, me cobijé en un albergue. Ocurrió al contrario. Me convertí en una especie de albergue *ad hoc*.

* * *

Quizás haya sido producto de la guerra fría, cuando se intentaba incomodar al enemigo a toda costa. En la calle 16 en Washington está la embajada cubana. Se le llamaba "sección de intereses" en el argot diplomático. Hace muchos años funcionaba frente a ella una escuela de leyes, Antioch College. Ocupaba una mansión de piedra en lo mejor de la colina del meridiano en Washington, hasta que un incendio le puso fin. El destino posterior del edificio fue de lo más extraño. No fue reconstruido a pesar de que la estructura de piedra no sólo era imponente: era hermosa y carísima para los estándares actuales, y estaba básicamente intacta. Seguramente permanecía así a propósito, para hostigar a la legación cubana rodeándola de lo peor del urbanismo. Junto a la casa quemada había otra estructura también misteriosa, una casita bien pintada y conservada, siempre con el césped bien cortado, siempre con las persianas corridas, cuyos habitantes jamás vi en todo el tiempo en que viví en la casa quemada. Y, sin embargo, todas las noches se prendían luces en su interior y de cuando en cuando salían ruidos. Estoy convencido de que estaba ocupada por organismos de inteligencia para monitorear la "sección de intereses" de Cuba.

Cuando cayó el frío sobre Washington en el primer otoño de mi peregrinaje callejero, recordé la mansión quemada. Parecía que la policía no entraba a pesar de que muchos desamparados pernoctaban en su primer piso, o quizás precisamente por eso, permitiendo que degenerara en pocilga. Frente a la casa quemada estaban día y noche varios miembros del servicio secreto uniformado de Estados Unidos, custodios de embajadas y personal semejante. Me pareció el lugar ideal para crear mi propio refugio, ¡un refugio con servicio secreto al frente y al costado! Lo bauticé como El Palacio.

En El Palacio vivía una persona llamada Joseph, un negro antillano más conocido en el barrio como el Gritón porque constantemente lanzaba gritos al cielo. Gritaba su filosofía, sus quejas y sus opiniones. Era un ermitaño moderno, retirado del mundo. Había acondicionado un cuarto en el primer piso y vivía ahí desde hacía años. De mis primeras conversaciones con Joseph nació el segundo nombre de El Palacio. Sería El Palacio... *de los Filósofos.*

Yo me instalé en el segundo piso. Conseguí algunas planchas de madera prensada y me acondicioné un cuartito en lo que había sido la sala principal. Poco a poco el edificio se fue llenando de residentes semipermanentes, habitantes de la calle entre mendigos y drogadictos, alcohólicos, prostitutas y uno que otro ladrón; la mayoría de ellos eran latinos, con excepción de algunos afroamericanos y dos anglosajones, Steve y Chris. Steve hablaba italiano a la perfección; Chris se deleitaba con el más puro de los franceses. Fue una comunidad que creció de manera natural. Crearla no fue objetivo consciente de nadie. Poco a poco empezó a congregarse en El Palacio gente que buscaba conversación y refugio. Llegamos hasta a tener un cuartito de huéspedes; todo con la máxima "discreción", salvo por los constantes alaridos que Joseph lanzaba al cielo, pero el vecindario y la policía estaban tan acostumbrados a ellos que los hubieran echado de menos de haberse interrumpido y, además, seguramente eran una molestia más para los cubanos de enfrente.

Por fuera El Palacio continuó viéndose como siempre: un edificio destruido por un incendio, lleno de maleza y basura. Sólo en algunos ambientes de su interior se podía notar diferencia, y no mucha. Yo me fui mudando a medida que el edificio se poblaba, y llegué hasta el cuarto piso de los cinco que tenía.

El quinto piso, el más quemado de todos, era refugio en caso de violencia. Había sólo un rincón con piso sólido. Para llegar a él había que pisar con mucho cuidado sobre las pocas vigas intactas. Una pisada sin cuidado y la persona caía hasta el cuarto piso. Sólo los residentes "oficiales" sabían como llegar a ese lugar.

Quemado, sin luz, sin agua, sin electricidad, sin ventanas que obstruyesen el viento, yo subía y bajaba sabiendo que muy pocos que no conociesen el lugar se atreverían a entrar en él. Era, después de todo, un lugar peligroso, con huecos en todos lados, con vigas quebradas, con tablas llenas de clavos en el piso...

En el senado de Estados Unidos había un republicano alto y amable, con un intelecto agudo, poseedor de una cultura erudita, el senador Alan K. Simpson, republicano de Wyoming. Conocí a Simpson el mismo año de mi llegada a Washington, en 1981, cuando junto con el congresista Romano Mazzoli preparó una reforma de las leyes de inmigración con dos contenidos básicos: declarar ilegal la contratación de indocumentados y al mismo tiempo dar amnistía y conceder la residencia legal en Estados Unidos a millones de indocumentados llegados antes de determinada fecha. Me pareció una idea viable y decidí apoyarla. La totalidad de las organizaciones hispanas del país se opuso rotundamente a ella.

Cuando se trata del tema del indocumentado las organizaciones hispanas y anglosajonas en Estados Unidos asumen posiciones que provienen más de un reflejo condicionado que del ejercicio del intelecto. Sus posiciones son tan duras y quebrantables como el vidrio. Cuando le ofrecí mi apoyo al senador Simpson fue porque sinceramente su propuesta me pareció buena. Invité a Alan Simpson a mi programa, "Temas y debates", y haciendo a un lado a las organizaciones hispanas logramos el apoyo de la comunidad. Alan Simpson se convirtió en mi amigo. Volvió muchísimas veces a mi programa durante los años en que continuó la lucha por la aprobación de la ley Simpson-Rodino-Mazzoli.

Por desgracia, hay instintos en el país que nunca se satisfacen y el indocumentado sigue siendo hueso favorito de contienda cuando llega la hora del frenesí electoral.

Había vivido en la calle durante casi un año. Había obtenido gracia y maná del cielo. El maná del cielo lo recibía todas las mañanas en las que me levantaba sin un solo centavo y pronto contaba con lo suficiente para mi "desayuno" de vodka y café. La gracia vino de la confesión.

Es verdad que la confesión da gracia...

Filosofía de la calle # 5

Mi confesión a los hombres había sido de lo más pública y de ella había derivado una gran paz en mí. Finalmente había puesto término a la duplicidad de mi ser. La confesión pública de mi naturaleza me permitió aunarme a la verdad. La verdad es la roca sólida sobre la cual reposa el edificio del ser. El edificio de la personalidad, levantado sobre pose y apariencia, carece de reposo propio. La verdad nos da reposo. A ese reposo se llega mediante la confesión de la primera verdad: confesando aquello que somos, primero a nosotros mismos y luego a los demás. Encontramos la verdad en la desnudez del ser. Por eso la imagen del agua en el bautismo; después de todo, a nadie se le ocurre meterse al agua vestido. La gracia de la confesión, al igual que la renovación de la vida en el renacer, no se encuentra en ninguna ceremonia. Esa confesión y ese renacer tienen que efectuarse con la totalidad del ser y de la vida. No son un formulismo. Sólo entonces se llega a vivir en gracia.

Yo obtuve gracia en la unidad de la verdad en los días de mi desnudez. Eso es confesión real: desnudo mostrarse como se es, a sí mismo y ante los demás.

Mi maná del cielo también fue muy práctico. Mis compañeros recolectaban, yo vendía. Recolectábamos todo tipo de porquería y desperdicio. Si Joseph era el rey de los recolectores, yo era el rey de los vendedores. Limpiaba y acondicionaba lo recogido y me iba a venderlo fuera. Los juguetes nunca fueron puestos en venta, siempre eran regalo para niños. Y la gente me compraba, vaya sí me compraba.

Un domingo del mes de agosto encontré en la basura algunos collares, pulseras y aretes de fantasía barata que alguna mujer había desechado. Luego de una limpieza a fondo salí a venderlos en una elegante cafetería de Columbia Road, Avignon Freres. Dentro encontré a una antigua colega, Pamela Constable, que escribía para el diario *Washington Post*. Para qué decir que quedó muy sorprendida al verme. Sentí su mirada como deben sentirla muchas mujeres a las cuales los hombres no les despegan la vista de sus senos... Los ojos de Pamela parecían atraídos por la suciedad de mis manos, y en ellas cargaba el tesoro encontrado en la basura de esa mañana. Pamela me compró algo de la mercancía... y volví gozoso al Palacio. Volví a verme con ella varias veces y de esos encuentros resultó un largo artículo en el *Washington Post* que se reprodujo en muchos diarios del país.

En su oficina, el senador Alan K. Simpson, republicano de Wyoming, leyó el artículo de Pamela Constable.

En la calle hay muchísimas reglas de comportamiento, tantas como en la sociedad más compleja. Una de ellas consiste en nunca, jamás, decirle a un extraño dónde se puede encontrar a un compañero de la calle. Quién sabe, después de todo puede ser un policía, algún investigador, alguien a quien se le debe dinero, etcétera.

Otra regla de la calle es actuar siempre a partir de la base de la sospecha y la desconfianza.

Filosofía de la calle # 6

En la vida hay gente cuyo punto de partida en su relación con otros es el de confiar, hasta que ocurra algo que nos lleve a desconfiar.

Otros parten de la actitud opuesta: una desconfianza generalizada hacia todos, sospechando de todo y todos hasta que se compruebe que son merecedores de confianza.

El que parte de la confianza general está condenado a la desilusión. El que parte de la desconfianza general está condenado al cinismo.

¿Hay un punto intermedio? Sí, pero es difícil llegar a él. Consiste en enfrentar el mundo con la primera verdad, la verdad de uno. Nadie se desilusiona ni se vuelve cínico cuando se enfrenta al mundo con *su* verdad, la verdad interna.

La falsedad del mundo pierde su poder ante la verdad de uno.

Cuando se vive la verdad es fácil distinguir la falsedad porque la verdad es. La verdad tiene la fuerza de ser. Todo el resto, todo lo demás, no es.

La gracia que da la confesión está en llegar a la fuerza de la verdad, la fuerza *de ser de verdad*.

La gracia de la confesión está en el vivir en verdad, y eso le permite a uno recibir amor. Mi confesión personal, hecha no sólo de palabra sino con mi vida entera, empezó a llenarme de una fortaleza interior que nunca antes había sentido.

La ansiedad, los temores y las inseguridades vienen del vacío de verdad interior. El volver a la verdad interna, mi renacer, borró en mí lo que ninguna píldora, ninguna droga y ningún psiquiatra pudieron borrar. El nervioso, inseguro, temeroso y ansioso Descalzi murió y en mí se sembró fortaleza en la unidad de la verdad y el amor.

La posición de la calle es la de la desconfianza generalizada, y cuando un extraño se acerca preguntando por alguien la respuesta invariable es: "No sé de quién me habla".

Así las cosas, estaba yo un día descansando en el "solario" del Palacio quemado, un cuarto en el tercer piso con un hueco en la pared exterior, cuando entró Zapatón a decirme que por más de dos horas un "gringo alto y pelado" había estado preguntando por mí en Columbia Road y que había ofrecido 20 dólares al que me encontrase. Iba a volver al día siguiente al parque de las palomas a las dos de la tarde, le dijo, a ver si me habían encontrado. Zapatón quería los 20 dólares y vino a pedirme que fuera con él para ganarse su billete. Accedí, no sólo porque quería que Zapatón se ganara sus 20 dólares, sino también por curiosidad. ¿Quién sería ese "gringo alto y pelado"?

Al día siguiente en el parque había no uno sino dos "gringos". El senador Simpson había enviado a su jefe de personal y a su jefe de prensa a buscarme. Me conmovió Simpson, a quien consideraba un señor entre señores. El suyo fue un ejemplo bello. Poco a poco, por figuras como la de él fui recobrando mi confianza en el otro lado de la montaña, y poco a poco también empecé a percibir la necesidad de regresar a él.

Otra figura de amor y verdad en mi peregrinaje callejero fue la del único colega de la prensa que siempre y de manera indiscutida me tendió la mano: José "Pepe" Carreño, digno corresponsal mexicano. Pepito Carreño, príncipe de buen aire del barrio y de la profesión. En los instantes de necesidad más extrema, él fue muchas veces la personificación del maná para mí, y cuando todos los demás retiraban la mano, Pepe siempre la tendió. Me es imposible destacar lo suficiente las actitudes como la del senador y la de Pepe Carreño: transmiten un mensaje de aceptación que sólo puede emanar de almas que han encontrado su propia comunión con la humanidad desgarrada y la han amado. Sólo puede provenir de seres que viven en verdad.

Capítulo siete

Filosofía de la calle # 7

¿Aceptación? La palabra sólo está en algún rincón perdido de la memoria de la gente de la calle. Si hay algún anhelo común entre los seres vivientes debe ser el de encontrar aceptación. ¿Qué es el amor después de todo, sino la presencia específica de la aceptación y de su pareja, la entrega?

Vida sin aceptación: vida sin entrega: vida sin amor.

¿Qué cosa es la soledad, sino la carencia de amor? ¿Y qué soledad más desesperada puede haber sino aquélla rodeada de rechazo, de carencia de aceptación y entrega?

Qué fácil es beber; el alcohol acepta. Qué fácil es drogarse; la droga acepta. Y qué difícil es relacionarse, amar, luchar por la vida cuando se vive con rechazo.

La historia de la calle es una historia de rechazos casi inimaginables. En las pocas manzanas del centro hispano de Washington había miles de personas que fueron expulsadas de su tierra en medio de un rechazo tan extremo que fueron públicamente tildados como escoria de la humanidad. Son cubanitos como

Julio, Pedro, José, Lázaro y Guajiro, que vagan perdidos de piedra en piedra y de botella en botella quizá porque perdieron ya el sentido de la lucha por la vida misma. Cansados de llamar y con su alma destrozada, han perdido la fe del corazón.

Muchos de ellos en los fríos inviernos, en los lluviosos abriles y en los tórridos veranos de Washington encontraron algo de aceptación en el dudoso cobijo de las gradas de una iglesia. A un costado del parque de las ratas se levanta un edificio que parece un templo de la antigüedad, con columnas dóricas y capiteles romanos. Pertenece a una iglesia cristiana. La gente de la calle utilizaba ese espacio de belleza detrás de las columnas y debajo del inmenso capitel para beber, dormir, fumar, guarecerse y descansar. Sus gradas se convertían en la única salita de estar al alcance de esos desesperados, en el único lugar de tregua a su escape constante del rechazo universal. Hasta que un día llegaron policías seguidos de un equipo de construcción. Desalojaron a los mendigos y construyeron una reja de metal, alta y con puntas, que rodeaba totalmente al edificio. La iglesia había desalojado a los mendigos: se había librado de los rechazados de la vida.

Me imaginé los titulares: "Cristo bota a los mendigos del templo", "Cristo bota a los desamparados", "Cristo bota a los alcohólicos, a los perdidos, a los menesterosos". Hay gente que no se da cuenta de lo que hace en el nombre de Dios. En muchos lugares el mundo verdaderamente parece que estuviera al revés.

En esas gradas perdidas conocí al Guajiro. Era uno de esos inmigrantes que llegaron cuando Fidel Castro los botó y Jimmy Carter los aceptó...

Fruto del más grave de los rechazos, del rechazo público de toda una nación, esa mezcla de entrega castrista con aceptación carterista no produjo en ellos el amor que debió resultar. El nene de Jimmy y Fidel fue algo así como el bebé de Rosemary. Fue un hijo de desolación que flotaba a la deriva en corrientes de vodka Velikoff y humo de piedra blanca. Guajiro fue uno de ellos. Era alto, delgado, buen mozo, de ojos azules y de pelo rubio. En la Cuba de Castro algún desliz lo envió a prisión. Un buen día en el año de 1980 cuando su hijito que es igualito a él estaba por nacer, Castro lo metió en un bote en el puerto de Mariel y lo mandó a Estados Unidos. Su hija de dos años, su mujer y su hijo por nacer quedaron atrás para siempre, y Guajiro nunca se olvidó de ellos. Se pasaría los años borrando su imagen en mares de licor. Acá fue rechazado nuevamente. Cuando llegó lo encerraron como indeseable en el campo de detención en Khrome, y salió rodando como piedra en el camino, sin poder parar. En las gradas de la iglesia parafraseaba el poema de Antonio Machado:

Caminante no hay camino,
se hace camino al andar...
Al andar se hace el camino
y al echar la vista atrás
verás el sendero
que nunca has de volver a pisar.
Caminante no hay camino,
Sólo estelas en la mar...

De Guajiro se puede hablar como si fuese personaje de los versos de García Lorca.

Alto, de verde luna, Guajiro anda despacio y garboso. Sus empavonados bucles le brillan entre los ojos. Guajiro dime, ¿quién eres tú? Con una botella de vino vas a la calle buscando tu muerte. Guajiro, detente, que te queremos mucho; para ya. Guajiro no escuchaba, y si escuchaba era al rugido de la vida y no al suave susurro de su amor. Guajiro se había acostumbrado sólo al rugir. En la calle había perdido la fe del corazón.

En el parque de las ratas, frente al templo, había unas gradas donde los borrachos se sentaban a beber. Siguiendo el ejemplo de la iglesia, el gobierno municipal de Washington envió hombres con martillo hidráulico y rompió las gradas, aplanó el parque y lo cubrió totalmente de cemento. Lo limpió de perdidos de la vida. Borraban al hombre para preservar el paisaje. Muchos de los borrados se fueron al Palacio de los Filósofos, *naturlich*.

Así llegó Guajiro a mi mansión quemada. Rodó conmigo en Washington y me siguió en busca de su salvación hasta las calles de Miami y finalmente la pudo encontrar. Pasó años dedicado a matar su orgullo y a perdonarse a sí mismo, a admitirse como era, a aceptarse en humildad. Yo tenía fe de que lo lograría... ¡y lo logró!

Quizá de alguna manera los alcohólicos y los drogadictos somos unos cobardes porque no podemos soportar los dos malestares más leves de la existencia, el aburrimiento y la mediocridad; no tenemos humildad. Es por eso que muchos bebemos y nos drogamos. No porque busquemos grandes horizontes, sino más bien por escaparnos de una pequeñez que no podemos aguantar, que somos demasiado orgullosos para aguantar. Es el problema de muchísimos alcohólicos y adictos: no podemos aguantar nuestra propia vida en humildad.

¿Y qué es la humildad? Humildad no es humillación. Humildad es aceptarse tal y como se es, con todos sus defectos y todas sus virtudes, nada más y nada menos. Humildad es vivir la verdad interior.

En Washington las calles eran frías, las calles eran duras. Una de las primeras consecuencias de haberme tirado a ellas fue una pérdida de peso descomunal. Bajé algo así como 25 kilos, más de 50 libras. Estaba hecho un flaquito. La ropa colgaba de mi pecho como trapo sobre una percha. A esa figura se añadía una barba crecida y blanca que nunca recibió cuidado alguno. Usaba gorra o sombrero para camuflar mi siempre desordenado cabello. Dibujaba una figura pintoresca. Mi estilo de vestir era el de una cebolla, con capa tras capa de ropa, con uno o dos abrigos y con una o dos bufandas, todo lo cual me ponía o me quitaba según la temperatura. Recogía la ropa en el parque de las palomas, donde alguna institución caritativa la depositaba semana tras semanas en paquetes. En su mayoría era ropa casi nueva y siempre bien lavada y planchada. Siempre recogía también algo para vender, que siempre vendía.

En las mañanas de los fines de semana, después de pasar por el parque de las palomas a ver si había algo que recoger, me dirigía a la Polvosa a comprar el *crack* de cada día. La Polvosa era una cancha de fútbol, polvorienta como su nombre lo indica, a un lado de la escuela secundaria Lincoln en la calle 16. Toda la semana se vendía *crack* durante las noches, desde el atardecer hasta el amanecer. La policía lo sabía, no me cabe duda de eso. Una de las interrogantes que tuve en ese tiempo en la calle, y que aún no he podido despejar, es por qué la policía no hacía nada si sabía donde estaban los mercados permanentes de droga.

En las calles de Washington había básicamente dos tipos de estos mercados de drogas: los "negros" y los "latinos". Los negros son peligrosos para cualquiera que no sea de esa raza... Al peligro natural del mundo de la droga se añade ahí el odio racial tan exacerbado en ese tiempo en la capital. Yo aprendí de manera muy ruda. Una mañana, cuando se había secado el mercado latino, me fui al negro: me robaron a punta de cuchillo y me quitaron los 20 dólares que llevaba encima.

El mercado latino no era mucho más seguro. En la Polvosa el latino despachaba al latino, y había mucha desconfianza hacia el negro. Washington es básicamente ciudad negra, y en los accesos a la Polvosa solían colocarse grupos de negros listos a asaltar a los clientes de los vendedores latinos. Eso producía enfrentamientos constantes entre bandas. Los vendedores latinos, organizados, protegían su negocio "disuadiendo" a los negros que pululaban alrededor de la Polvosa. Una vez uno de ellos, un tuerto con parche en el ojo, me noqueó por ocho dólares y al día siguiente un grupo de "la mara" lo golpeó tan salvajemente en retribución que no volvió a aparecer en el lugar por varios meses. Otras veces fue al revés, y a veces intervenían hasta "gringos".

"Mareña" se llamaba a un salvadoreño de apellido Artola. Era el "portero" de una triste construcción de madera frente a la Polvosa donde todas las noches se jugaban miles de dólares en dados y cartas y donde se vendía también *crack*. Había salido de las guerras de su país. Yo solía ir a la casa de madera unas dos o tres noches a la semana porque los ganadores del juego solían sentirse generosos. Era, además, un lugar abrigado en el invierno. Una noche llegó ahí un gringo a comprar piedra. Ahora bien, como nadie le vende a extraños, el gringo debe haber llegado acompañado de algún conocido. Mareña, viéndolo "gringo", cogió su dinero y en vez de *crack* le vendió… trocitos de jabón. Al cabo de media hora el hombre regresó con una pistola y lo mató de cuatro tiros.

A mí me asaltaron en la calle dos veces con pistola y tres con cuchillo. Y nunca me pasó nada. ¿Por qué? Porque Dios es grande. Porque siempre en la calle estuve en la calma más absoluta. Quizá también porque había aprendido a defenderme… y mi defensa ante las armas, salvo en una ocasión, fue la de rendirme automáticamente. Una vez, no sé por qué, se me ocurrió pelear y para mi sorpresa mantuve a raya a un contrincante con cuchillo. Aprendí así en la madurez lo que nunca aprendí de joven: a defender mi integridad física, cuerpo a cuerpo. Me convertí en un mañoso. Peleaba con todo y aun así me daban duro.

En la calle no hay lugar para la cobardía física. Eventualmente me hice respetar y me dejaron en paz. Lo curioso es que para hacer respetar su integridad física uno no necesita ganar. Tiene sencillamente que mostrar dignidad y eventualmente esa dignidad le gana a uno el respeto físico.

El Amanecer era un restaurante salvadoreño en la esquina de las calles Park Road y 14, frecuentado por "la mara". La mara es un nombre genérico aplicado a una mafia informal de jóvenes y adultos salvadoreños, en la que no hay uno sino muchos grupos unidos por un "salvadoreñismo" común en tierra extranjera. La mara controla el *crack* en las zonas hispanas en Washington, Maryland y Virginia. También cumple otra función. Aplica y hace respetar la ley de la selva.

Una de las tragedias que lleva implícito el estatus ilegal, que Washington confiere a buena parte de la población hispana de la capital, es que no puede recurrir al amparo legal. En su ausencia es la mara la que actúa como protectora de su comunidad y lo hace a carta cabal. Las pandillas negras, las llamadas *crews*, no se meten en los barrios hispanos por la presencia de las maras. Es un servicio que éstas prestan a su comunidad a cambio del cual su comunidad hace la vista gorda respecto a sus negocios con el *crack*.

Frente a El Amanecer había una iglesia y junto a ella dos edificios donde la mara vendía *crack* todas las noches del año. Son edificios de muerte, donde viven apiñados en cada departamento grupos y familias de salvadoreños de muy escasos recursos. Durante el día se ven como cualquier otro edificio de departamentos. Durante las noches, los residentes trancan las puertas, y sus pasillos y escaleras se convierten en un supermercado de *crack*. La droga la guardaban los vendedores en los casilleros de correo. El acceso al edificio lo controlaba un portero que estaba ahí no para negar sino más bien para facilitar la entrada de compradores "legítimos". El que el portero fuese un policía fuera de servicio no era de extrañar. El mismo alcalde de Washington, Marion Barry, era adicto a la droga. La

EL PRÍNCIPE DE LOS MENDIGOS

primera vez que lo vi noté que algo andaba radicalmente mal con el hombre.

En esos edificios de la muerte traficaba Kilmer, un jovencito salvadoreño. Lo mataron en la calle Columbia. En los edificios mataron a Vicente, también de cuatro balazos como a Mareña. A Vicente lo mataron en el elevador. En su entrada balearon a Santiago y acuchillaron a Óscar. La novia de Lázaro fue muerta ahí a cuchilladas, etcétera. ¡Y lo increíble es que la actividad continuaba! Los restaurantes cercanos tuvieron finalmente que cerrar. El Amanecer cerró después que Enrique López matara ahí a otro, por lo mismo, siempre por lo mismo. Las Rocas cerró después de que Óscar Salguero matara a Noel Correas y a José Molina. Pero el negocio sigue a pesar de todo.

En los pasillos de los edificios parecía vivir un puñado de prostitutas de *crack* que como novias de Drácula cambiaban sus servicios por una chupadita de la pipa de los clientes. Yo era conocido en esos edificios. La gente me respetaba. Entré a ellos una vez tratando de salvarle la vida a un "gringo" que había ido en busca de piedra. Lo iban a acuchillar. Lo convencí de que se dejara robar y convencí a los atacantes de que me dejaran sacarlo. Salió hasta sin zapatos, en el invierno. El hombre hablaba español. Era uno de esos que se sienten inferiores entre los suyos y salen a sentirse bien entre aquellos a quienes creen inferiores. Volvió a los edificios repetidamente, tanto que me cansé de salvarlo. Tiempo después, cuando yo ya había abandonado la calle, volví a Washington y lo encontré nuevamente, todavía borracho, buscando ser igual entre aquellos a quienes trataba con condescendencia.

En mi cuartito del cuarto piso vivían también Stan, un ex convicto de Chicago, y Pachuco, un ladrón mexicano, ambos de buen corazón. Guajiro, Danny, Armando y otros más se instalaban a un costado de mi cuarto. En una esquina del mismo piso se quedó un grupo de jóvenes salvadoreños que salía todas las mañanas en busca de trabajo. Abajo en el tercer piso habitaba un grupo de caribeños muy adictos al *crack*. Financiaban su droga rompiendo y vendiendo poco a poco el techo de cobre que había recubierto partes del edificio. En un rincón del segundo piso solía dormir Venezuela. Era un ladrón consumado. Un día se apareció con una computadora portátil de las que valían entonces más de dos mil dólares. La cambiamos por sesenta dólares en *crack*. Julito y otros marielitos ocupaban lo que había sido la sala central del piso en que vivía Venezuela. En el primero estaba instalado Joseph como rey, con cama y todo. Sandrita y las mujeres solían quedarse en el cuarto de último recurso, en el quinto piso, adonde para llegar había que pisar entre huecos y vigas a punto de caer.

Para los visitantes oficiales, gente que llegaba con regularidad en busca de conversación y descanso, había un cuartito "especial" de huéspedes

Un día, en el verano de 1995, fui a la Organización de Estados Americanos a ver si lograba sacar dinero de alguno de mis conocidos. Llegué por coincidencia en el día en que se celebraba una reunión de urgencia por la guerra entre Perú y Ecuador. En el patio interior, lleno de equipos de televisión, las cadenas en español transmitían en vivo los detalles de la reunión. Estaban NBC en español, CNN, Telemundo, Univisión, canales de Perú y Ecuador, etcétera. Y nadie tenía tiempo de pensar. Todos andaban enloquecidos, los periodistas preocupadísimos por no perder el último detalle de lo que acontecía, los sonidistas porque a cada momento tenían que cambiar sus conexiones y equipos, los camarógrafos por los ángulos de luz, por las posiciones que ocupaban, en fin. Y me di cuenta de que así había vivido yo. Había estado tan metido en el acontecer diario, en la diaria carrera en la que nos metemos todos desde que nos levantamos hasta que nos acostamos, que muy pocas veces había podido remontarme a la altura suficiente para ver el panorama del que formaba parte.

Viviendo en la calle me di el lujo de hacerlo. Recuerdo con cariño las horas y los días, mis exploraciones sobre el tiempo, mi ahondar para dentro con poca atención para fuera; algo difícil en el transcurso diario.

He regresado varias veces a mi Palacio quemado. Años después lo reconstruyeron y hoy es un imponente edificio de condominio.

Dentro, en algún resquicio de mi mente, cabía la certeza de que mi estadía en la calle acabaría en algún momento, pero no quería pensar en ello. Muchas personas, grupos, iglesias, se dieron a la tarea de "salvarme". Me era difícil aceptarlos porque yo ya estaba, casualmente, salvándome. Y no es que *lo pensara* así. Es que *lo sentía* así. Empezaba a sentir una paz que no quería dejar.

Me era difícil darles explicaciones a los grupos religiosos porque me era difícil dármelas a mí mismo. No era una cuestión de *pensar*, era de *sentir*.

¿Cómo explicar a otros que la aceptación de uno, *incluso con todos sus defectos*, es vital?

¿Cómo decir que hay que abrazar valientemente el pecado de cada uno y echárselo a la espalda como una cruz personal para morir a esa vida y alzarse a una nueva?

En mi caso y el de mis compañeros del Palacio la cruz fue de droga y alcohol. Abrazar mi cruz sin rechazo y cargarla fue el comienzo de mi cambio personal. La aceptación está al comienzo del cambio *en verdad*, del verdadero cambio en el rumbo del ser.

El rechazo sólo lleva a la creación de una ficción digerible a nuestras personas. Todo esto no se lo podía decir a nadie porque no me lo podía decir a mí mismo. Era sólo un sentir, que poco a poco afloró en palabras, y cuando eso ocurrió terminó mi vida en la calle.

No había semana en que no me cayese algún predicador, algún grupo bien intencionado exigiendo de mí un cambio que implicaba rechazo.

La única ayuda real me la dieron personas que se cuentan con los dedos de una sola mano y que nunca pidieron nada de mí ni de otros.

Julia Tomayquispe era una joven peruana que llegó a Washington por el mismo tiempo en que lo hice yo, en 1981. Era una bella indígena, muy hábil y llena de amor. Había sido traída a Washington como empleada de uno de los agregados militares de Perú y había sido muy maltratada por sus empleadores. En el mundo de las embajadas latinoamericanas es casi de rigor traer a sus empleadas a Estados Unidos y muchos las tratan como una pieza más de su equipaje diplomático, con muy poca diplomacia.

Las pobres trabajan día y noche, son mal pagadas y muchas veces maltratadas. Cuando se quejan, sus patronos simplemente las ponen en un avión de regreso. Ése había sido el caso de Julia, excepto que, en vez de esperar pacientemente a que la devolvieran a Lima, Julia escapó de su empleador y se puso a buscar trabajo como empleada. La acción de Julia demandó mucha valentía de su parte. No sabía inglés. Sus empleadores le retirarían su auspicio para la visa al irse de su casa. Y, más aún, no conocía a nadie en Washington.

En el año 1981, cuando SIN me transfirió a Washington, alquilé un pisito en las afueras del barrio latino, curiosamente a dos cuadras de donde estaría mi futuro Palacio de los Filósofos. Había llegado solo, no tenía tiempo para nada. El alcohol y la marihuana no me permitían mantener mi piso de manera muy decente, y me puse a buscar una empleada de tiempo parcial. María Estela, una compañera de trabajo, me recomendó a Julia y la contraté. Limpiaba bien. Cocinaba riquísimo. Estaba llena de alegría y era de mi país de origen. Nos llevamos muy bien.

Un día Julia, que luchaba con el inglés, le pidió orientación en su inglés roto a un hombre que se esforzó por entenderla y responder lo que ella preguntaba. Era Tomás Cuesta, un marielito de tez oscura que también acababa de llegar a Washington y sabía tan poco inglés que creyó que Julia lo hablaba bien. Los dos acabaron casándose. Yo fui padrino de bautizo de su hija mayor, Flor Angel Cuesta Tomayquispe. En fin, los años pasaron y nos distanciamos. Mi ocupación, la arrogancia de mi mundo, muchas cosas crearon distancia entre nosotros.

Muchos años después, cuando yo vivía en la calle, Julia y Tomás me buscaron y me llevaron a su hogar. Querían protegerme, darme cariño, calor humano, quitarme del frío que quiebra la espalda y entumece el corazón. Y no pedían nada a cambio, ni siquiera que dejase las drogas. Tuvieron la grandeza de alma de llevarme sin miedo a compartir su hogar con Flor Ángel y Tomasito, sus dos hijos. Tomás tenía dos empleos; uno de ellos el principal—era de limpiador en la universidad Johns Hopkins. Julia me sorprendió. Trabajaba a tiempo completo como asistente social para el sistema de escuelas públicas de Washington, y entre ambos habían comprado una casita. Quedaba en una de las zonas más pobres del barrio latino, había estado abandonada y clausurada por mucho tiempo, pero era suya y la habían reparado y equipado con amor. Era la mejor de la cuadra. En la parte de atrás tenía estacionado un también abandonado y antiguo automóvil que Tomás había comprado por 500 dólares con la esperanza de algún día "recordarse" de cómo se manejaba. El problema era que el coche necesitaba muchas reparaciones y además no hubo hasta mi retorno a sus vidas alguien que les recordase cómo manejar. Tomasito y Flor Ángel iban a la escuela.

Un día, Julia y Tomás escucharon de mi situación en una radio latina y salieron a buscarme. Cuando me encontraron insistieron en llevarme a su pequeña casita: así de grande era su corazón. No hubo cómo decirles que no y pasé las noches de enero de 1995 en el suelo de su salita y los días en la calle.

Eventualmente se convencieron de que la calle me jalaba y me dejaron ir, pero siempre agradeceré su amor en un mundo frío y el hecho de que no pidiesen nada de mí, ni siquiera que dejara la droga. Eso me permitió responder a su amor y crecer un poco en él.

Pepito Carreño, el periodista, fue el siguiente en acudir a mí. Lo quiero mucho, con ese cariño que sólo se guarda para el que lo trató a uno como igual cuando todo el resto lo rechazaba. Me ayudó en lo que yo le pedí sin preguntar ni por qué ni para qué. Fue el único del gremio tan criticón al que pertenezco que me aceptó sin crítica alguna hasta que el 26 de diciembre de 1995 llegaron dos personajes de mi pasado a buscarme en Columbia Road.

Allá por los años ochenta la CIA tenía una presencia muy fuerte en América Central. El comunismo se combatía muy cerca de casa y no todas las acciones para combatirlo se hacían abiertamente. Tal era el caso de los vuelos de reconocimiento sobre Nicaragua.

Los años cincuenta tuvieron el U-2 de Francis Gary Powers derribado sobre la Unión Soviética. Los ochenta tuvieron en Nicaragua a Eugene Hasenfus, derribado por un "flechero" del Ejército Popular Sandinista. Los otros tripulantes de su avión perdieron la vida, pero Hasenfus fue capturado con vida. Su juicio se convirtió en causa célebre. Los sandinistas lo utilizaron como vehículo para demostrar al mundo la justicia de su causa y la agresión de que eran víctimas. En público la CIA negó su paternidad del vuelo de Hasenfus.

Recuerdo haber estado en Managua cuando la comandanta Dora María Téllez, marchando por la calle, llevó los ataúdes de los compañeros de Hasenfus a las puertas de la embajada de Estados Unidos. Los depositó ahí. No hay mejor propaganda que unos muertitos, a no ser que sean unos muertitos y un sobreviviente. Pensé que a Hasenfus se le podían adscribir las instrucciones que recibía el personaje principal de la serie de televisión *Misión imposible*: "De ser capturado vivo, el secretario negará todo conocimiento de su persona". Hasenfus había quedado así, huérfano de todo reconocimiento oficial. Nadie reclamaba la paternidad de su empresa.

Los sandinistas quisieron utilizar el caso Hasenfus para desenmascarar a la Contra, para demostrar que era hija de la CIA, algo completamente innecesario. Demostrar la paternidad de la CIA era demostrar que el agua es mojada, un ejercicio totalmente inútil que concitó la atención de la prensa internacional. Ahí estuve yo, sentado en palco real.

Los últimos días del juicio a Hasenfus coincidieron con un doble desastre: un terremoto en San Salvador y otro en Univisión. En esta última, la planilla de camarógrafos quedó despoblada luego de la renuncia masiva en protesta por la llegada anunciada de Jacobo Zabludovsky como director de noticias. Debido a la escasez de camarógrafos me llevé a Managua al camarógrafo local de Univisión en San Salvador, Guillermo Torres, y a su asistente, Wilfredo.

Cuando ocurrió el terremoto de San Salvador nuestro corresponsal en esa ciudad, Pedro Sevcec, se había quedado sin camarógrafo: lo tenía yo en Managua y no lo solté. Cuando días después terminé mi trabajo en Managua y volví a Estados Unidos pasé primero por San Salvador para dejar ahí a mi equipo de cámara. En el aeropuerto de San Salvador esperaba Pedro Sevcec, molesto porque había tenido que arreglárselas los días del terremoto sin camarógrafo, y lo primero que hizo cuando me vio fue recriminarme por no haber soltado a "su" camarógrafo. Yo, que en ese tiempo sufría de tales niveles de inseguridad que no podía tolerar reproche alguno, reaccioné con cólera. En fin, ésa fue la última vez que había visto a Pedro Sevcec.

El 26 de diciembre de 1995 volví a ver a Pedro Sevcec. Pedrito llegaba a Washington con una doble misión: efectuar el "rescate" de Descalzi y hacerlo en un episodio para su programa "Sevcec", de la cadena Telemundo. Pedro llegaba a Washington con dudas: nuestro último encuentro años atrás no había terminado de lo más bien que digamos.

El 26 de diciembre amaneció para mí como uno de tantos días que llegaban sin que yo hubiese llegado a dormir un solo instante. En la calle hacía un frío impresionante. Mi prioridad esa mañana era conseguirme mi botella de Velikoff y un café bien caliente para mezclarlos y darme así un "levantón".

Por alguna razón inexplicable yo estaba convencido de que en esa mañana empezaba el final de mi peregrinaje por la calle. Era una mañana que yo esperaba. Semanas antes unos ex compañeros de trabajo se habían acercado a mí para echar aceite sobre las aguas de mi disputa con Sevcec, y me habían confiado que vendría a buscar una entrevista conmigo "después de Navidad".

El final fue casi anticlimático, dulce-amargo. Pedro Sevcec y Malule González, la productora ejecutiva de su programa, esperaban en la cafetería de Columbia Road llamada Avignon Freres. Yo acababa de terminar mi vodka con café cuando el Guajiro me encontró para comunicarme que en Avignon Freres me esperaban Pedro y Malule. No sé por qué, pero recuerdo que la reunión casi acaba en fracaso. Sentado en la cafetería, alguna palabra o algún recuerdo del pasado produjo una súbita elevación en el tono de voz, pero las cosas se aquietaron rápidamente. Mi peregrinaje callejero había limado suficientes asperezas en mi alma para permitirme un alto en el camino al precipicio.

The rest, como dicen en inglés, *the rest was easy*: el resto fue fácil.

Grabamos un segmento para el programa de Pedro en mi alojamiento del cuarto piso del Palacio de los Filósofos. La temperatura era de cero grados centígrados. Para mí era de lo más normal. Recuerdo que Malule se la pasó muerta de frío, y Pedro no sé, pero me imagino que también. Stan y Guajiro estuvieron ahí. En medio de la grabación llegó Medio Pedo a fumar *crack* en el cuarto…

Durante esa grabación expresé mucho de lo que había conversado en el Palacio con los demás compañeros, y cuando Pedro me preguntó si estaba dispuesto a ir a rehabilitación dije contundentemente, con una mano sobre la Biblia que nunca me faltó, que sí, iría.

Me dio 150 dólares para mis "gastos" y los muchachos y yo nos dedicamos a fumar como condenados toda esa noche hasta que al día siguiente llegaron Pedro y Malule a recogerme. Fuimos al hotel de Pedro. Entré hecho… ¿qué les digo?, imagínense cómo me encontraba. Creo que no me había bañado en el último año, tenía cinco capas de ropa encima, y etcétera, etcétera, como dice Yul Brynner en la película *El rey y yo*. En el hotel me di un baño hasta que llegó la hora de ir al aeropuerto.

Ah. Esa noche lloré. Ay, sí lloré.

Viajé en primera clase en el avión a Miami. A la azafata le dije que tenía una "emergencia alcohólica" y me proporcionó cuanto trago le pedí. En el restaurante del aeropuerto, mientras esperábamos el vehículo que nos recogería, pedí un "mixto caliente" (pan con jamón y queso). De pronto se me salieron las lágrimas, al darme cuenta de que era la primera vez en dos años que gastaba dinero en comida.

Fuimos esa misma noche a Boca Ratón, Florida, a un lugar llamado el National Recovery Institute, otro de esos muy recomendables y buenos centros de rehabilitación. Me "becaron" por un mes en el que me debo de haber comido toda la cocina.

Sería fácil de decir que "desde que salí de ahí no he dejado de correr", pero en mi caso, dada mi historia, lo que he hecho es precisamente lo contrario: quedarme en mi sitio. Y en él estoy: he encontrado, finalmente, mi lugar. No he dejado de estar en donde estoy.

Capítulo ocho

Han pasado varios años desde mi rehabilitación y la vida vuelve a florecer a mi alrededor. Han vuelto las oscuras golondrinas, esas del poema de Gustavo Adolfo Bécquer, pero en mi caso han vuelto las mismas que adornaron mi balcón.

Cómo decir que vuelven los aromas, que se empieza nuevamente a florecer. Así pasa. A veces estoy sentado y huele a primavera...

Es curioso ver cómo han caído las capas de dureza que se habían formado sobre mí, cómo poco a poco fueron retornando a mí olores del ayer, tan perdidos que los había olvidado casi por completo. Pero en algún rincón de mi ser habían quedado porque los recordé. Fui gradualmente descubriendo momentos de luz dentro de esos años en que mi memoria perdida se rodeaba sólo de oscuridad.

Tan pronto salí del centro de tratamiento en Boca Ratón, mi antiguo amigo Enrique Gratas me ofreció trabajo en su programa "Ocurrió así". Lo quiero. Me devolvió la profesión. Pocos como él tuvieron el valor de darme la mano tan públicamente. Sí, muchos otros me dijeron: "Recuerda, para eso estamos los amigos". Fueron los mismos que en la soledad de la calle me negaron. No vale la aceptación de palabra. Tiene que ser real. Un hecho vale por mil palabras. El famoso cantante venezolano José Luis Rodríguez "El Puma" me mandó, a los dos meses de mi retorno, una invitación a su boda, y ni siquiera lo conocía. Esos primeros meses de mi "regreso" los viví como en las nubes. Todo estaba teñido por colores de alegría. Mi temerosa persona había desaparecido para dejar en su lugar a un ser seguro y ansioso de vivir. Volví, literalmente, a vivir la alegría de la infancia. Y en medio de ese sentir acepté la invitación del *Puma*.

Me había vuelto "aceptable". A su boda, transmitida en vivo por televisión a Venezuela, asistieron personajes venidos de toda América Latina. Varios de ellos me recordaron ese día que "eran mis amigos", que "para eso estaban ahí". Recuerdo haberlos llamado por teléfono en varias ocasiones, pidiéndoles unos dólares. Pero su amistad no fue tan fuerte en esos momentos como para que me dieran ayuda. ¡Ah!, pero actos de apoyo como los de Enrique, Julia, Pepito Catreño y el *Puma*…

Un pintor famoso hizo un óleo sobre mi experiencia. Un músico de renombre imprimió un CD con una pieza instrumental titulada "Descalzzi" (con doble zeta). Varias revistas escribieron artículos de fondo sobre mi persona y estuve en la portada de *Newsweek*. Recibí poemas alusivos a mi vida. En fin, quedé completamente…, debiera decir sorprendido, pero no, no fue sorpresa lo que me produjo todo eso, y aquí les hablo a otros que como yo consideren emprender el camino de renacer. No tengan miedo: el mundo está ansioso de ustedes. Está ansioso.

Y tan pronto vean sus barcas aparecer en el horizonte se van a acercar a darles la mano.

>Al fin de la batalla y muerto el combatiente
>Acercósele un hombre y díjole…
>"Levántate hermano, no te mueras…"
>Pero el cadáver, ¡ay!,
>siguió muriendo.
>Se le acercó otro y le dijo
>"Levántate hermano, no te mueras,"
>Pero el cadáver, ¡ay!,
>Siguió muriendo.
>Se le acercaron tres, cuatro, cinco,
>*Muchos más a decirle…*
>*"no te mueras hermano, regresa…"*
>*Pero el cadáver, ¡ay!,*
>*Siguió muriendo.*
>*Se le acercó entonces la humanidad entera*
>*Diciéndole,*
>*"¡Levántate hermano, no te mueras!"*
>*Y el cadáver se levantó,*
>*Se echó su carga al hombro,*
>*Y se puso a andar.*

Parafraseo así este poema de César Vallejo porque se adapta a mi experiencia. He sentido el calor de la humanidad. Me he sentido envuelto en tanto amor y por tantas personas que podría decirse que no me ha quedado otra que alzar la cara y andar nuevamente sin correr.

A los pocos días de mi regreso se organizó en Miami una cena de apoyo en un restaurante tradicional, Los Violines. Se llenó. Estaba repleto. Vinieron artistas de distintos lugares a homenajearme. Como si me lo hubiera merecido. Y es que en realidad sí, me lo merecí en ese momento porque, saben, volver no es fácil. Hay que amarrarse como Ulises al mástil y rechazar el canto de las sirenas que nos llaman a la destrucción. En todo caso, merecido o no, el homenaje fue para mí uno de esos llamados claros de la humanidad a la resurrección del cadáver. Un llamado claro y un llamado fuerte que acalla el clamor de las sirenas.

El canto de la sirena llegó una vez a mí tras mi regreso, una vez y nada más. Fue a las dos semanas de salir del instituto en Boca Ratón. Volví de visita a Washington y me encontré con mis amigos de la calle. Me ofrecieron un trago y no tuve el valor para decirles que no. Empecé a beber con ellos y sin darme cuenta estuve nuevamente fumando *crack*. Me pasé tres días con ellos en total estado de abandono, y me asusté tanto pero tanto con esa recaída que quedé… ¡curado por espanto! ¿Quién dice que la recaída no es buena? Me sirvió. Nunca más en nombre de la amistad ni en nombre del cariño que les tengo he vuelto a compartir con mis amigos de la calle, a pesar de que los visito invariablemente cada vez que regreso a Washington. Y otra palabra a los que estén en el camino del retorno: no tengan jamás tanta vergüenza de sus caídas que no se vuelvan a levantar. Al contrario, hay que hacer como Cristo que cayó varias veces cargando su cruz. ¡Cuál habrá sido su cruz y cuáles sus recaídas! Y se volvió a parar para seguir cargándola hasta renacer sobre ella.

Por eso, a pesar de que suene a blasfemia, yo digo: "Drogadicto por gracia de Dios". Porque esa fue mi cruz y sobre ella renací. Su cruz abrácenla y acéptenla. Sólo con la aceptación de su verdad, por dolorosa y fea que esta sea, se llega a renacer.

En fin, esa fue mi última recaída, "por amistad", en enero de 1996. No, la amistad nunca más me ha llevado a beber de esa copa. Al contrario. Me llaman por teléfono y me vienen a ver a menudo personas en busca de consejo. No soy nadie y no soy el camino. Soy seguidor de un camino muy antiguo. Para esos que llaman y me buscan les escribo este libro, para indicarles que *ése* es *el* camino: que su cruz ya la tienen, que sólo tienen que aceptarla y cargarla.

El camino está flanqueado por la verdad y el amor, que son vida. Sólo por ese camino se llega a puerto seguro. No hay otro.

Me he rodeado de amor, de un amor tan público en esta mi profesión tan pública… Y es que estoy *siendo de verdad*. El amor responde a la verdad, la verdad responde al amor. Náufragos en alta mar: empiecen por la verdad. Les responderá el amor, y su canto acallará el llamado de las sirenas.

El mundo ha cambiado de color para mí. Sí, es color de rosa. Conocí a Rosa a principios de febrero de 1996. Fue una de las tantas personas que acudieron a buscarme en esos primeros días de mi regreso. Fue a la oficina de "Ocurrió así", donde la conocí. No sé realmente qué la impulsó, pero yo elijo creer que fue por amor y por verdad que la encontré a ella.

Me pasaron tantas cosas bellas… Quizá *yo* me haya llenado de belleza. Ya conocen ese dicho según el cual todo depende del cristal por el que uno mira. Yo lo transformo para decir que todos iluminamos nuestro camino con luz de nuestro interior. Si nuestro interior es lúgubre y tenebroso, la luz que salga de nuestros ojos cubrirá todo de un fulgor lúgubre y tenebroso. Si nuestro interior está en paz, si vivimos en paz, todo lo que encontremos a nuestro alrededor será recubierto por esa paz, no importa cómo llegue el mundo a nosotros.

Rosita fue una de las primeras cosas bellas que me ocurrieron. Rosita no buscaba poseerme, por eso la quiero: porque no pretendió poseer, y en esas circunstancias pude volver a amar sin temor a ese frenesí de escualo que busca desgarrar para sí todo lo que pueda de la vida. Al regresar son muchos los cambios a los que uno tiene que acostumbrarse. Y uno de ellos es dejarse amar. He tenido la suerte de encontrar una Rosa de paciencia y paz.

Empecé a trabajar en el programa "Ocurrió así" de Telemundo. Poco a poco fui aumentando de peso, me fui acostumbrando a una rutina y empecé a darme cuenta de que yo era objeto de cariño público. Me pasaron muchas cosas, algunas de ellas de risa.

Por donde quiera que iba la gente me saludaba, me felicitaba, me hacía la señal de victoria con sus manos. Paraban los automóviles, bajaban sus ventanas, me daban gritos. A las pocas semanas de mi regreso, "Ocurrió así" me mandó primero a San Francisco y luego a Nueva York. En San Francisco, un autobús municipal se detuvo en medio de la calle Misión y el chofer sacó la cara por la ventana para saludarme, parando todo el tráfico. En Nueva York, una mujer dejó su carro en medio de la pista durante una luz roja y se bajó a saludarme. Pero lo más gracioso me ocurrió en un restaurante "La Carreta" en la calle 8 de Miami.

"Venezuela", mi amigo drogadicto de las calles de Washington acababa de llegar a Miami. Yo le había prometido ayudarlo cuando sintiese la necesidad de "volver". Rosita y yo lo recogimos de no sé qué dirección que me dio al llegar a la ciudad y nos fuimos a desayunar a La Carreta. Me había acostumbrado a tomar café cubano por las mañanas. Estando ahí fui al baño a orinar y estaba en medio de esa tarea cuando entró un hombre que al verme se arrodilló junto a mí… ¡mientras yo orinaba! y me dijo cuánto había significado yo para él, que él había sido drogadicto, etcétera. En eso entró otro hombre que ve… lo que vio. ¡Qué habrá pensado! Un hombre arrodillado junto a mí y yo con el pipí en la mano. Dijo: "Oh, lo siento", y salió corriendo.

En otra ocasión me paró un patrullero por conducir muy rápido y me dijo: "Descalzi, maneje con más cuidado, siga".

Viajo muy a menudo. Hago el mismo trabajo que antes pero con una consciencia diferente. Ya no ando todo nervioso porque yo ya *no importo*. Hago mi trabajo sin consciencia de mí mismo, sin ser centro de lo que me acontece, porque no "me" acontece nada. Sencillamente acontece. En esta nueva circunstancia me relaciono con calma con el mundo porque éste ha dejado de pesar sobre mí. He abandonado el papel de Hércules.

A menudo me invitan a dar charlas en público. Grupos de alcohólicos me llaman de ciudades distantes: México, Chicago, Los Ángeles, Quito... Me han invitado de universidades y escuelas.

Lo más curioso es que tomo todo esto sin que se me vaya a la cabeza. Lo veo, sí, como algo natural. Qué curiosos, ¿no?, los cambios que da la vida. Y profesionalmente he vuelto a los lugares en los que estuve antes.

Cada vez que he regresado a Washington se ha reafirmado en mí la determinación de seguir en la luz de Dios. Porque ésa es una de las pocas elecciones que podemos hacer con claridad: colocarnos en su luz, y para eso basta abrir las compuertas de verdad y amor en nuestras vidas... y se derramará Su luz sobre nosotros. Y es que hay tanta falta de ella.

El Cojo... que descanse en paz. Murió. Me enteré de ello la última vez que estuve en Washington. Alguien lo acuchilló en su silla de ruedas por robarle unos pesos mientras volvía al albergue donde se hospedaba. Se llama, paradójicamente, CCNV, *Center for Creative Non Violence*, Centro para la No-Violencia Creativa. Recuerdo nuestras conversaciones en el Palacio, cuando Steve, el Cojo, Joe, Stan, Chris, Sandra, dos Colones y Medio Pedo discutían sobre las mil y una cosas que veíamos a nuestro alrededor...

Y aquí va algo de lo que discutíamos....

Segunda parte

Los lados de Dios

Capítulo nueve

Las guías del ser y la persona

Poder, posición y posesión, aquello por lo cual nos esforzamos en el diario vivir, aquello cuyo logro y manutención orienta la actividad diaria de nuestras vidas, suele ser instrumento no sólo de orientación sino también de confusión.

Creemos que por obtenerlos estaremos bien. Que como estamos bien somos buenos. Que porque somos "buenos" tenemos poder. Que porque tenemos poder tenemos autoridad. Que porque tenemos autoridad tenemos derecho... etcétera.

El logro de las tres *P*, poder, posición y posesión, sirve de guía para nuestra actividad diaria y por eso, porque orientan la actividad diaria, su búsqueda suele darle "sentido" a nuestro diario vivir.

La fama, la influencia, el dinero, etcétera, se convierten así en el "sentido" de nuestras vidas. Pero este es un sentido sin sentido inmanente, en sí mismo. Es un sentido hueco.

Como orientadores de la vida, a pesar de ejercer esa función *de facto*, el dinero, la fama, el poder, las posesiones, la influencia, la "felicidad", incluso la familia y la salud misma, de nada sirven. Porque no tienen orientación propia. Son falsos orientadores.

Esto no quiere decir que sean inservibles. El error está en dejarlos orientar *por sí solos* nuestras vidas, nuestra actividad cotidiana. Y eso es lo que solemos hacer en casi el 100 por ciento de los casos.

Dinero, fama, poder, etcétera, sirven, sí, pero sólo de manera temporal. Sólo si se encuentran y son utilizados en verdad y en amor, sólo si dejan de ser objetivos de la actividad y encuentran su papel correcto como instrumentos y no como objetivos.

Los verdaderos orientadores son dos y nada más que dos: la verdad y el amor.

Todo el resto no es nada en lo que se refiere al propósito de la existencia. En nada más está la razón de nuestras vidas. Nada más que la verdad y el amor deben de ser el imán de atracción que nos mueva a diario, a pesar de que para la mayoría de los casos no es así.

La mayoría somos manejados por los *instrumentos* de la vida: fama, poder, dinero, etcétera. Y dejamos de lado los orientadores de la vida: *amor y verdad.*

Cuando los instrumentos funcionan como motor, como orientadores de la vida diaria, funcionan incorrectamente. Para servir correctamente tienen que subordinarse. No deben manejar sino ser manejados. No deben de atraer sino sostener. Tienen que adquirir un sentido ajeno a sí mismos porque en sí mismos estos orientadores diarios carecen de sentido. Los únicos que dan sentido son la verdad y el amor.

* * *

En prácticamente 100 por ciento de los casos si se le pregunta a alguien por qué o para qué vive, responderá que para ser feliz, para sus hijos, etcétera. Si son sinceros dirán que es para tener dinero o para tener fama, poder, influencia, etcétera.

Se pierde de vista el propósito mismo de la existencia. ¿Para qué existimos?

Hay que preguntarse: "¿Qué es la existencia?"

Para empezar, por más que parezca una redundancia, lo fundamental de la existencia es que existe. El existir es una característica que hace que la confundamos con Dios. La existencia *no es, existe*.

Ésa es la primera característica de la existencia: que existe.

La existencia existe. Dios es el que Es. Hay semejanza, paralelismo. Lo que llamamos *nuestra vida*, existe en imagen y semejanza de Dios, pero no es Dios. No es nuestro objetivo, no es nuestro origen, no es nuestro fundamento, no es nuestro orientador. *Ni siquiera nuestra vida misma* puede tomarse como objetivo de nuestra existencia.

Algo obvio en la existencia es que tiene dirección, es decir, que "viene" y "va". Viene de algo. Está basada en algo (fuera de sí misma). Va a algo (fuera de ella).

La existencia "viene" de una explosión de ser. De esta explosión proviene el existir. El punto de origen de esta explosión está en la concentración total de Ser: el "cielo".

Que la existencia viene *de* y va *a* es innegable por su segunda característica, y es que *transcurre*.

Existencia es movimiento. El nuestro es un universo en movimiento. El tiempo... avanza.

La segunda característica de la existencia es que transcurre. Todo lo que existe transcurre. Lo que no transcurre no existe. No al menos en la existencia, no en esta existencia.

En ese ir y ese venir, en ese moverse, en ese transcurrir, está la existencia en sí. La existencia es aquello que transcurre, de un lado a otro, de un lugar a otro.

Sólo hay transcurso en la existencia. Vida es posibilidad de transcurso, de cambio. El cambio sólo es posible en la vida.

¿Cómo es el transcurrir? ¿Es un transcurrir independiente, o está sujeto a algo? ¿Y qué podemos deducir de la dirección del transcurrir, de la dirección del... tiempo?

Si la existencia fuese independiente la llamaríamos "Dios". Si la existencia fuese independiente tendría sentido en sí misma. Sería su principio y su fin. Sería "redonda" puesto que su principio y su fin estarían dentro de sí misma. No transcurriría porque principio y fin estarían juntos en el existir. Sería eterna. Sería el todo. Y su transcurrir sería "coexistente". Existiría todo por igual: pasado, presente y futuro, más allá y más acá, etcétera. La existencia sería Dios.

La existencia transcurre. No es coexistente. Es simplemente "existente".

El transcurrir está en una trinidad (viene de, existe, y va a); es de la Trinidad...

La existencia tiene "cola", "cuerpo" y "cabeza". Arrastra y es arrastrada. Viene de, es, y va a: la existencia se da en trinidad, en la Trinidad. Toda la existencia se da en la trinidad de Dios, principio y fin.

La existencia tiene una in-dependencia *parcial* de la trinidad. Es a esta parcial *in-dependencia* a la que llamamos "libertad". Libertad e independencia son cosas diferentes. La libertad de la existencia depende de los *co-responsables* del existir. Como agentes de esa dependencia, su origen y su destino son co-responsables del existir. Origen y destino están unidos en su condición de co-responsables de la existencia, de aquello que transcurre, de lo que existe...

Estos co-responsables del existir son "principio inicial" y "principio final", inicio y fin unidos en creación.

Principio-creación-fin proceden de una trinidad "circular", donde principio creación y fin se unen en uno.

Los principios, inicial y final son los lados de Dios. Son la verdad y el amor.

"Yo soy la verdad": partimos de la verdad, pasamos por la existencia, llegamos al amor. O al menos, así debería ser.

La existencia se da íntegramente en Dios.

La existencia es resultado de la unión de los principios inicial y final, el amor y la verdad de Dios. Esa unión la efectúa un tercer principio, ubicado en el punto de unión del amor y la verdad. Ese principio, el tercer principio es el *principio rector*, principio "geográficamente" ubicado en la unión de los otros dos principios.

La creación se da como exhalación del principio rector en la unión de los principios inicial y final.

La existencia es creación del principio rector. En la literatura bíblica se le llama Dios Padre. El principio rector mezcla trocitos de los otros dos principios, el inicial y el final, para crear la existencia. Estos dos, el principio inicial y el principio final son los "lados" del principio rector, los lados de Dios. Uno de ellos es la esencia. El otro es la forma. Uno es activo, el otro pasivo. Uno es creativo, el otro receptivo. Uno es verdad, el otro es amor. Son atributos de los lados de Dios.

En la literatura cristiana a los lados de Dios se les llama Hijo y Espíritu Santo. De su unión por parte del principio rector nace la existencia.

¿Qué es el principio rector?

La característica principal del principio rector, que *incluye* a sus lados, es el *ser*.

El ser es la unión de verdad y amor. Lo que es, ama. Si no, no es. Existimos porque Dios ama.

Dios es. La creación es una explosión de verdad y amor.

San Juan, capítulo uno, versículo uno: "En el principio era el verbo y el verbo estaba en Dios, y el verbo era Dios".

El verbo por excelencia es el ser. Dios es... es todo. Dios es grande y es chico, es frío y es caliente, es ancho y es angosto, etcétera. Dios abarca todos los rincones del ser. Dios es el Verbo.

Esta existencia es una *manera* de ser, en amor. Sin amor no hay ser. Y lo mismo se puede decir de la verdad. Sin verdad no existe ser.

* * *

Si Dios es verbo, la existencia está destinada a ser adjetivo, Su adjetivo.

La existencia es la cola que orienta la cometa divina.

Llamamos vida a una manera de existir en verdad y amor. Todo lo que existe tiene esencia (espíritu) y substancia, forma (cuerpo) en distintas mezclas y proporciones. Lo "vivo" tiene más de lo uno y menos de lo otro. No todo lo que existe tiene alma.

El género humano va más allá de lo meramente "vivo". Tiene alma.

En la trinidad de principios, el principio rector une trocitos de los otros dos y los mezcla, creando la existencia. La diferencia de la condición humana está en que el principio rector luego se imprime *él mismo* sobre su creación. Toma un trocito de la existencia (barro) y se imprime sobre él (aliento). La condición humana es el resultado de esta impresión. Como humanos que somos, estamos destinados a ser adjetivación de la Trinidad, estamos creados a su imagen y semejanza. Somos "alma, corazón y vida", alma, cuerpo y espíritu. Cuerpo y espíritu acarrean al alma, moldeándola. El carácter, la *característica* del alma, se forja en la creación.

La creación es la fragua de Dios.

* * *

La existencia es la unión de los principios inicial y final por parte del principio rector.

La existencia, producto de esa unión, es el "barro" sobre el que se imprime el principio rector para crear la vida humana. Por eso se dice que fuimos creados a imagen y semejanza de Dios. Porque en nuestra condición humana llevamos en nosotros los tres principios de la trinidad.

* * *

La existencia tiene "cola". Arrastra aquello de lo que proviene. Cuelga detrás de aquello a lo que va.

Si Dios fuera una cometa, la existencia sería su cola. En la existencia el Ser total adquiere "su dirección". La existencia está destinada a ser adjetivo del Verbo, su carácter.

Por eso se dice que en la existencia se da la lucha entre el bien y el mal.

En la condición humana se da la lucha entre el bien y el mal, entre la luz y la oscuridad. Somos, estamos destinados a ser, campo de batalla. Forja y fragua. En la tradición oriental se dice que somos el "reino de en medio".

Esta característica de la existencia, especialmente de condiciones como la humana de ser definición o adjetivación del Ser da a la existencia una relación de co-responsabilidad con los principios de la trinidad. Trinidad y creación son *co-dependientes*.

En esa co-dependencia está lo que llamamos nuestra "libertad".

En virtud de esta correlación trinidad-creación se hace posible ahondar el grado de libertad de la que goza la existencia, o suprimirla.

La debida calidad en nuestro existir puede darle el carácter necesario a nuestra existencia para profundizar nuestra libertad, o para eliminarla. De ahí que en la existencia nos ganemos el "cielo" o el "infierno".

En ejemplos bíblicos de personas que perdieron su libertad se dice que se convirtieron en estatuas de sal o de piedra.

Ahora bien:

Dios, la trinidad circular donde inicio y fin se unen, no tiene, por redondo, una base sobre la cual reposar. El verbo puro es por igual, hasta el momento en que en la creación se adjetiva, se da carácter, se otorga una base de reposo, se *des-iguala*.

Por eso se dice que descansó después de la creación.

Dios se da a sí mismo dirección y base de apoyo, descanso.

Lo hace mediante la existencia. La existencia está destinada a darle su sentido y postura, a servir de guía de la "cometa divina". La existencia es Su aventura. Es aventura de Dios… Y Dios quiere una buena aventura. Buena aventura. Bienaventurados sean…

Es una aventura con un elemento de incertidumbre la libertad de la existencia , lo que la hace "real". La incertidumbre está en la libertad parcial de la que goza la existencia, parcial por ser una libertad co-dependiente de la trinidad. Dios, después de todo, es Dios, y "maneja" nuestra libertad.

Todo lo que existe tiene un elemento de libertad por el solo hecho de existir. Es una libertad que se da dentro de los extremos principio y fin, una libertad condicionada a estos principios, una libertad "dependiente", fluctuante y potencial.

La calidad del existir (la cantidad de verdad y amor que tenga) produce "fluctuaciones" en el grado de libertad de la que goza lo que existe.

La calidad del existir servirá para ahondar o minimizar su propia libertad, para "petrificarse" o para "subir al cielo". Por eso se dice que en la existencia se da la lucha entre el bien y el mal, porque en virtud de ese elemento de incertidumbre, de esa libertad, podemos "subir" o "bajar". Debido a que cuenta con libertad puede ir por aquí (¿bien?) o por ahí (¿mal?). Vivimos entre el bien y el mal.

A la dirección de Dios, a la dirección que Dios adopte sobre la base de la existencia, a su postura, la llamamos su "carácter".

Esta existencia le da *una* "línea" al carácter de Dios.

No hay nada que nos lleve a concluir que ésta sea la única existencia, que éste sea el único universo, que estemos en la única creación, que esta existencia sea la única fragua del carácter de Dios. ¿Cuál será el "carácter de Dios"? ¿Dónde se forjarán sus otras líneas?

* * *

La existencia es la fragua en que la esencia y la forma moldean el alma, la *adjetivan*. Al fin de la existencia, al separarse nuevamente lo activo de lo pasivo, lo creativo de lo receptivo, ambos vuelven a los lados de la creación.

Y al final de la existencia la verdad y el amor se reúnen nuevamente con el principio rector.

Por eso es importante vivir en verdad y amor. Para llegar al principio rector. Porque somos artífices de nuestro propio destino. Porque de la calidad (en verdad y amor) de nuestro existir dependerá nuestro ser en libertad... o esclavitud.

Ahora bien, si nuestro existir está destinado a ser adjetivo del Verbo, es en el vivir donde se da la adjetivación. Esta adjetivación se da en la vida, y se le da a Dios en sus extremos, en sus tres extremos, tanto en su esencia como en su forma y en su parte rectora. Las estrellas, las galaxias, el universo, son tremendas fraguas de los lados de Dios. Nuestra vida es fragua de su "tercer" lado.

Por eso es tan importante no sólo vivir puramente sino también bellamente y con buen carácter.

La pureza (verdad) es importante para el espíritu, para la esencia.

La belleza (amor) es importante para la forma, para lo receptivo.

Y el carácter (el encuentro de verdad y amor) es importante para el principio rector. Por esto último, por la formación del carácter, es que el contenido emocional de la vida es tan importante.

En otras palabras: adjetivamos tanto el principio como el fin, los dos lados de Dios, y adjetivamos también su cúspide, el principio rector. En la vida hay que dirigirse tanto a la esencia como a la forma y a su punto de unión.

Por eso es importante vivir con verdad, y con amor. Con belleza y pureza.

* * *

En lo humano llamamos "espíritu" a la esencia, a su parte activa, creativa. Llamamos "alma" a su guía, a su parte rectora. Su parte formal es aquello a lo que llamamos la "persona". Incluye lo físico y lo mental.

El espíritu es aquello a lo que llamamos el ser.

Lo físico y mental es aquello a lo que llamamos persona.

El ser y la persona están unidos en cada individuo. Todo individuo tiene un ser y una persona.

Toda unión de ser y persona obedecen o deben obedecer a los propósitos del alma.

Cada uno de los principios impresos en la existencia tiene su propia función. El ser desempeña una función. La persona desempeña otra función.

La unión del ser y la persona tiene como función acarrear al alma. El individuo obedece o debe obedecer a las necesidades del alma.

Hay un error, al que se denomina "original", en la usurpación de funciones. Este error puede tener dos formas: la esencia usurpando la función de la forma o viceversa, la forma usurpando la función de la esencia. Lo usual es que el error original se dé como forma que usurpa a la esencia. Es una usurpación en la que la persona se convierte en rectora de su vida y domina al ser, se monta sobre el espíritu y desmonta al alma.

El error original es de desequilibrio. Es un desequilibrio producido por la usurpación de funciones.

La persona se apropia del ser. Lo físico se apropia del espíritu.

El amor pertenece a la forma, la verdad a la esencia. Son los "lados" del existir. El amor y la verdad se dan mutuamente.

Cuando cada lado desempeña su parte, cuando está en su lugar, hay equilibrio: el alma florece.

Cuando un lado usurpa al otro… el alma sufre.

El principio rector, el alma, está en la unión de sus lados. Necesita descansar en sillas con las patitas bien balanceadas.

Nuestro ser y nuestra persona deben llevar nuestra alma con equilibrio.

Cuando no hay equilibrio, se llega hasta a expulsar el alma. Sí, hay gente desalmada.

Al equilibrio le llamamos bien. Al desequilibrio le llamamos mal. El asiento del alma se vuelca con el desequilibrio.

Ahora bien: es por causa del elemento de incertidumbre, del grado de libertad o *auto-dependencia* que tiene todo lo que existe, y más específicamente todo lo vivo, que se da el riesgo del error. Es una tendencia "natural", "original" al desequilibrio. Es por eso que se le llama "pecado original".

Es debido a que en la existencia la forma es evidente y la esencia no lo es, que hay una tendencia natural a darle todo a la forma.

Por eso es que la forma prima desde temprano en la existencia, y el sentido de una existencia correcta está en buscar el resurgimiento de la esencia en busca del "equilibrio perdido".

Cuando se reencuentra el equilibrio, cuando ambas partes empiezan a cumplir su verdadero papel, ahí es cuando se "renace".

La evidencia del desequilibrio se da en nuestro diario vivir. La forma llega a aparecer como el todo, ignora o expulsa a lo rector y esclaviza lo esencial. Error fatal. Se polariza la vida, se desequilibra. El polo sur pierde el norte.

La usurpación, ese penetrar en el campo del otro, es el "conocer" en el sentido bíblico que lleva a decir que Adán y Eva comieron el fruto del árbol del conocimiento del bien y del mal, el mal que radica en la usurpación, en la penetración (el conocimiento) de la forma en el campo de la esencia y viceversa...

La confusión no acaba ahí. La polarización de funciones hace que se pierda la orientación. Al perderse uno de los polos se pierde la orientación y al perderse la orientación se pierde el sentido original de la existencia. Se "pierde el paraíso".

Como resultado de esa pérdida las cosas adquieren muchas veces un sentido contrario al original. La vida entera se vuelve entonces confusión, hasta que se logra nuevamente el equilibrio perdido, hasta que se nace de nuevo; cuando se le devuelve el equilibrio al alma y resurge nuevamente la esencia.

El renacer, el volver al equilibrio, es el punto de partida para una adjetivación correcta, el portal de entrada al camino de Dios, el inicio del camino.

En la confusión del sentido que acompaña a la polarización de funciones llegamos a creer que el conocer es de la esencia.

El conocer es de la forma, es externo.

El comprender es esencial.

Es el comprender el que es de la esencia y el conocer el que pertenece a lo formal.

Cuando el conocer cree saber de lo esencial se cae en el error original. Se ahonda el error cuando el conocer se instituye en juez del bien y del mal, porque entonces se usurpa la función del principio rector.

Se pierde totalmente el paraíso.

Pensamos esencial a la conciencia y formal al sentimiento, cuando es al revés. El consciente es de la esencia. El sentimiento es de la forma. Y deben de ser regidos por el amor y la verdad.

Cuando el sentimiento es regido por la conciencia se petrifica el amor. Cuando la conciencia es regida por el amor…. Dar a cada cosa su lugar: buscar el equilibrio.

El alma vuelve a ocupar su lugar con el resurgir de lo esencial. El resurgir depende de cómo se existe, de la mezcla de amor y verdad con que vivamos, de la calidad escondida de nuestras vidas, no de su forma externa. Y el resurgir tiene que darse no mediante conquista de lo esencial sino mediante abdicación de lo formal.

No existe victoria sin derrota. Lo que busca victoria polariza. Ni Cristo buscó victoria ante Pilatos. Toda victoria implica polarización, pérdida de equilibrio. Cuando alguien gana, alguien pierde. En el campo de batalla del destino no se puede pedir la derrota de la forma. Toda victoria es pírrica. Ambas, la esencia y la forma, tienen que cumplir su función. Si la forma es derrotada, la esencia también muere. Se llega nuevamente a Sansón y los filisteos. No hay que destruir la forma. La forma también tiene su lugar.

Una vida de calidad incorrecta lleva al enraizamiento de lo formal. Lleva a la petrificación.

Si vivimos cobardemente, con odio, en medio de la mentira, del temor, de la ansiedad, ésas son las características esenciales que imprimiremos tanto en nuestro ser como en nuestra persona y nuestra alma. Se moldearán así en el campo de batalla del bien y del mal. Como para ese entonces habremos perdido toda noción de orientación real, de verdad, llamaremos bello a lo feo y feo a lo bello, cierto a lo falso y falso a lo cierto, etcétera. Nuestra guía será el artificio.

En cambio si vivimos con verdad y amor, con belleza y pureza, viviremos guiados por Dios.

* * *

Si vivimos valerosamente, con amor, con verdad, con paz y tranquilidad, si nuestra actitud es ésa, ésas serán las características esenciales que nuestras vidas donen al principio rector al fin de nuestra existencia. Ése será nuestro regalo a Dios, nuestro regalo al ser. El que busca vivir con verdad y amor encuentra a Dios.

En nuestra vida también le regalaremos belleza o fealdad. Al ser, como al Ser, le gusta la belleza. La belleza es la armonía. Lo armónico es lo que ocupa su lugar, lo equilibrado, lo apropiado, lo que debe de ser... lo que vive a imagen y semejanza de Dios.

Entonces:

Ésa es la finalidad, el objetivo de nuestras vidas: formarnos, moldearnos en un transcurrir que nos lleva a mejorar o empeorar.

* * *

Lo importante en la vida es vivir con verdad y amor, de manera que nos adjetivemos correctamente. No se puede adjetivar correctamente si no se logra primero el equilibrio, si no resurge la esencia, si no vuelve (renace) el alma a *su sitio*. El camino de Dios empieza ahí.

No es importante el vivir con dinero, fama, poder, influencia, etcétera. Nada de eso vale en lo que respecta al propósito de la existencia. Solamente sirven si contribuyen correctamente a la adjetivación de nuestro espíritu. Y atención: fama, poder, dinero, generalmente de poco sirven.

Hay un método sencillo para discriminar entre lo que debe o no debe constituir el propósito de la existencia y del diario vivir. Se encuentra en el antiguo dicho en latín *per aspera ad astra*: por el camino áspero se llega a las estrellas.

Existe lo áspero y existe lo fácil...

Todo lo que es normalmente considerado como guía u objetivo del diario vivir suele formar parte de lo *fácil*.

Lo fácil no sólo no moldea, moldea incorrectamente. El verdadero moldear del espíritu por lo general se consigue en la fragua de *lo difícil*, de lo áspero.

Tanto lo fácil como lo difícil son regalos de Dios. Dios nos da dos tipos de regalos.

Regalos de frente, fáciles, y regalos opuestos, difíciles.

El propósito de los regalos es ayudar a la adjetivación de nuestras vidas. Los regalos de frente, los fáciles, son aquellos generalmente considerados bienes. Por ejemplo: dinero, fama, poder, una buena familia, vacaciones pagadas, etcétera. Los regalos opuestos, los difíciles, son aquellos generalmente considerados males. Por ejemplo: quiebra, miseria, bancarrota, infamia, enfermedad, dolor, muerte, etcétera. Tanto los fáciles como los opuestos son regalos de Dios.

Los seres humanos amamos los regalos de frente porque son fáciles, y decimos que son buenos. Generalmente rechazamos y detestamos los regalos opuestos precisamente por ser difíciles, y decimos que son malos. Pero son éstos los que más nos ayudan a progresar en los caminos de Dios. ¿Quién ha mejorado en su calidad espiritual y humana con vacaciones pagadas? ¿Cuántos no han mejorado en su calidad más íntima al enfrentarse a los estragos ocasionados por una bancarrota, la muerte de un familiar cercano, una enfermedad fatal? ¿Cuántos han logrado trepar a la punta de un palo engrasado? Lo áspero, en cambio, ¿a cuántos no les ha facilitado subir a lo más alto del palo? *Per aspera ad astra.*

Por eso es que fama, poder, dinero, suelen servir de poco en los caminos de Dios. Son grasa fácil, un respiro en nuestro existir, vienen de la compasión de Dios en una vida donde los regalos difíciles son tantos y tan duros…

Vivir la vida con valor, tener el valor de amar, amar la verdad: eso es difícil.

El valor es una característica netamente humana. Es la característica de una persona que vive en verdad y amor.

Y esos el amor, la verdad son precisamente, o debieran ser, los verdaderos orientadores de la vida. Si como resultado de su búsqueda se producen también fama, poder y dinero, pues qué mejor.

Permitir que la fama, el poder y el dinero lo fácil sean los orientadores diarios de nuestra existencia, el centro de atracción de nuestra actividad diaria, es un error grave. Porque reducen la existencia a los objetivos de la persona. Porque hacen caso omiso de los objetivos del ser. Y porque nos alejan de nuestro verdadero objetivo en el plan del principio rector: el renacer del alma para gloria y grandeza de Dios.

Capítulo diez

La importancia de borrar el nombre

¿De dónde vienen el miedo, la inseguridad, la ansiedad, el nerviosismo existencial, todo aquello de lo cual nos pasamos casi la vida entera tratando de escapar?

Para muchos para la gran mayoría la vida entera se convierte en un escape del desequilibrio causado por el error original.

Cuando la forma usurpa el sitio de la esencia, o viceversa, el individuo se convierte en un farsante. Es un farsante que se cree capaz de enfrentarse por sí solo al mundo entero, a toda la creación. Ésta no es su función y el mundo inevitablemente se le viene encima. Para evitar que el mundo le caiga encima la persona suele iniciar su carrera en la vida.

Se inicia el gran escape. La persona corre para no ser aplastada por el mundo a pesar de que reclama para sí el papel del mitológico Atlas: emprende un intento desesperado de fuga para no ser aplastada por el peso del mundo.

El miedo, la inseguridad, la ansiedad, el nerviosismo existencial provienen de la desproporción entre la fuerza real de la persona y la pretensión que tiene de aguantar todo el peso de la existencia.

Es entonces que se produce el desesperado intento de fuga que caracteriza a tantas vidas humanas que transcurren *en escape y fuga*. Es un escape de la posición desequilibrada en que la persona se ha colocado a sí misma. Es un escape donde el desequilibrio ha causado la pérdida de orientación. Presa de un pánico inicial, la persona en fuga suele no saber ni de dónde viene ni hacia adónde va. Es que la verdad se ha vuelto ficción y el amor se ha vuelto deseo.

La pérdida de orientación lleva a la persona a querer escapar del desequilibrio sin escapar de su causa: la usurpación de funciones. Es más: desconoce la causa. Ha usurpado a ciegas. Es una usurpación "original", automática.

La persona quiere escapar del peso que siente, pero al mismo tiempo quiere seguir teniendo al mundo en sus manos. Es en ese instante cuando empieza a vivir en el reino del temor.

Cuando la persona trata de escapar de las consecuencias del desequilibrio sin renunciar a sus causas, el alma sale volando por los aires.

Es el escape de alguien que quiere desesperadamente orientarse, encontrar su ubicación correcta, equilibrarse ante la existencia, y no sabe cómo hacerlo, porque ha perdido la verdad y su motivación es el deseo.

Es una equivocación "original" en cuya corrección transcurrirá el resto de nuestras vidas, casi siempre en un intento inútil de fortalecernos o de escapar de nosotros mismos.

La persona en estas condiciones quiere fortalecerse *y* escapar del peso del mundo sin renunciar al papel del que se ha apropiado, de punto de apoyo universal. Es una contradicción que se encuentra en la parte de la persona que llamamos conciencia.

La conciencia es como el barquero que quiere abandonar el bote sin soltar los remos. Como en la historia del barquero de Caronte, el secreto está no en abandonar el bote, sino en saber pasar los remos a otro, en ceder el control. Para pasar el río de la muerte hay que ceder los remos.

No se puede volver a nacer sin que la persona renuncie al control de su barca, restituya el alma y libere el espíritu.

Pero la conciencia, en vez de renunciar a la posición adoptada, prefiere renunciar al ser cuya debilidad es causa aparente de sus problemas. Prefiere abandonar *su propio ser* a abandonar su *papel* de eje universal.

Cree que puede hacer lo imposible: abandonar su ser. Es una creencia lógica porque cree que el ser le pertenece y que depende de él. Para lograrlo, para efectuar este abandono, tiene que inventar un nuevo ser, aceptable a sí mismo.

Ese nuevo ser es el *nombre*.

La conciencia inventa un ser ficticio que no le dé los problemas que le da su ser original. Se divorcia del ser y se casa con una ficción. Y en estas condiciones la vida entera se convierte en mentira. La conciencia se presenta a sí misma, o aspira a presentarse, como el líder capaz de desempeñar el papel autoimpuesto de centro y motor universal. Esa conciencia lleva el nombre de uno, el nombre de la persona.

Empieza la inflación del ego. Nace la *ego-latría*.

¿Qué es la conciencia? Es la superficie de la persona. Todos cometemos el error, ineludible al principio, de creer que la superficie es dueña de la profundidad, que la conciencia es la dueña del ser, que los remos son los dueños del barco.

La conciencia es la costra que se produce en la superficie como producto de la interacción de la persona y la existencia. Nada más ni nada menos. Es uno de los dos remos conciencia y subconsciente que interactúan entre mar y bote.

Toda impresión marcada sobre la persona en el transcurso de la vida forma parte de la conciencia. Ése es el contenido de la conciencia. Toda impresión que no está en la conciencia se dice que está en el subconsciente. Tanto conciencia como subconsciente son dos capas de la superficie de la persona, como las capas de la piel. Están al exterior, definen la forma de la persona. Su esencia permanece abajo.

La superficie de la persona se llena de impresiones: rápidamente al principio de la vida, por estar casi vacía; con lentitud hacia el final, porque está repleta, o casi... La conciencia y el subconsciente son una parte muy limitada de nosotros mismos, tanto como la superficie misma sobre el interior inmenso y desconocido de un gran planeta.

Es, como superficie, aquella parte entre el individuo y el resto de la existencia. Es la articulación entre individuo y existencia. Tiende por eso a creerse eje de su existir. Y lo es, aunque limitadamente. Es eje de interacción entre individuo y existencia. Pero la conciencia no se contenta con esto. Es una superficie que llega a creerse dueña de la profundidad debajo de ella, y de la inmensidad que está por encima, del espíritu en la profundidad y del alma en la altura... y va más allá.

* * *

Poco a poco el nombre de la conciencia empieza a percibir el universo entero por afuera y el ser íntegro por adentro como si revoloteasen alrededor suyo.

La superficie en estas circunstancias se posesiona de todo, del "espacio aéreo" y del "subsuelo", del alma y del espíritu, y actúa como si fuese el centro de la existencia. Expulsa al alma, arrincona al ser y crea otro a su imagen y semejanza... el *nombre*. Se adueña de todo su existir en *el nombre de su persona*. Trata de imponer su nombre no sólo sobre el espíritu y sobre el alma, sino también sobre todo lo que lo rodea. El nombre procede entonces a crear su propia trinidad: persona-nombre-existencia. Se coloca a sí mismo en el papel central de su propia trinidad. Se vuelve supremo. Se deifica.

Este nombre supremo, capaz de enfrentarse a los desafíos de su desquiciado papel, no es nada más ni nada menos que una ficción. El nombre es la ficción que se adueña de la mayoría de nuestras vidas. Crea su propia cosmología y se coloca en el centro de su propia desquiciada trinidad.

En la trinidad persona-nombre-existencia el nombre se constituye en principio rector, en el rey de la interacción de persona y existencia. Sustituye al alma. En ese instante el individuo se vuelve, inevitablemente, ególatra.

La egolatría es resultado directo del error original. Es resultado de la sustitución de la verdad por la falsedad. El nombre suplanta al Padre, al principio rector. El nombre proclama secretamente su divinidad, como antes lo hicieran públicamente los césares romanos.

Todos estamos regidos durante largos trechos de la vida por ese falso padre, el nombre. La mayoría no escapa nunca de su tiranía, más que en la muy tierna infancia. El nombre es un pequeño César.

Dar al César lo que es del César, y a Dios lo que es de Dios.

Todos, absolutamente todos, tenemos un pequeño césar dentro de nosotros. Lleva nuestro nombre. Y usurpa descaradamente los atributos y las prerrogativas del principio rector. Se adjudica todo, o al menos trata de hacerlo. Es "al césar todo y a Dios nada".

El frente de lucha por el resurgir de la esencia y el renacer del alma en nosotros se reduce entonces a la derrota del nombre. Pero éste es muy poderoso. El consciente se ha adueñado de los instrumentos de conducción del individuo y no los va a dejar fácilmente.

Las vidas que transcurren bajo el dominio del nombre son inevitablemente una mentira.

Los individuos que las viven abandonan la realidad y se convierten en actores de una ficción donde el nombre dirige toda la acción en una atmósfera de temor.

La verdad es función de la esencia. El amor es función de la forma. El valor se encuentra en el alma. El temor es función del nombre.

Al someter al espíritu y alejar el alma el nombre disipa la atmósfera de amor y la sustituye por una de temor.

La conciencia que rechaza la debilidad aparente de su ser y la "corrige" remplazando al ser por el nombre hace de su vida una ficción. La mentira cotidiana procede del nombre. Suyas son declaraciones como: "yo soy muy macho", "yo vengo de buena familia", "somos de la alta sociedad", etcétera.

En estas circunstancias la vida, por más que sea aparentemente normal, se transforma en ficción. Es más, la normalidad es el patrón de conducta bajo el cual se modela el nombre. El nombre suele tener poquísima originalidad. Ha esclavizado la parte creativa de su ser, su esencia, su espíritu. Carece de autenticidad. Por eso es muy peligroso el proceso de erradicación del nombre. Porque en ese proceso muchas veces se erradica también el patrón de conducta "normal". Y se suele caer en otra aberración, en la marginación de la conciencia o en la renuncia a la responsabilidad.

Ésa la aberración del alcohólico, del drogadicto, de muchas de las llamadas enfermedades mentales: la marginación de la conciencia, la renuncia o pérdida de la responsabilidad.

* * *

La responsabilidad es una función real de la conciencia. De ahí viene el "yo puedo", pero el nombre asume muchas más responsabilidades de las que le corresponden a la conciencia real. Se infla al usurpar funciones. Se apropia de responsabilidades tan grandes que lo llevarán a una vida de tensión extrema y callada desesperación.

Por consiguiente se da una manera común de escapar a las angustias provocadas por la tremenda carga asumida por el nombre: la renuncia a la responsabilidad. Alcohol, drogas, enfermedad mental, son fugas de la conciencia.

Hay una salida: la abdicación del nombre. La persona renuncia al nombre y reconecta la conciencia con su espíritu, con su ser. Al renunciar al nombre, a la conciencia no le queda otra que seguir el camino. No se le elimina. Ése sería el error del inconsciente. Se retorna más bien a la situación de "al césar lo que es del césar y a Dios lo que es de Dios".

No hay que eliminar la conciencia. Hay, sencillamente, que borrar el nombre.

La característica principal de la egolatría es una actitud en que la conciencia se ve a sí misma como centro de la existencia, del universo, eje y motor de la realidad.

En adelante, para corregir ese error, para erradicar los efectos del error original, para suprimir la egolatría y restituir la trinidad original, se tendrá que borrar el nombre. Ése es el significado de la imposición de un nuevo nombre en el bautizo.

Mientras tanto, impera el nombre. Y el miedo, el temor, la ansiedad, las angustias existenciales, son hijos de su reinado, del "nombre que puede". El nombre actúa no en el *nombre del padre,* sino en el *nombre que puede.*

El miedo, el temor, la ansiedad, las angustias existenciales son todos producto directo de la egolatría: son producto de la desubicación, de la debilidad, del desequilibrio, de estar mal parado, mal puesto en el universo.

Si la idolatría gira y se contorsiona en torno a lo falso, la egolatría peor aún. Ambas son falsas.

La egolatría es más común que la idolatría. Hasta el ateo, o quizás especialmente el ateo, acepta la egolatría.

Como falso, el ególatra no tiene la fuerza necesaria para desempeñar el papel que cree suyo: de centro y motor universal. El miedo, el temor, la angustia existencial, son producto de la debilidad ante esa tarea.

Miedo, temor, ansiedad, angustias existenciales, son la fatiga del que vive bajo la hegemonía del nombre. Se convierten en la atmósfera emocional en que vive el individuo.

El desequilibrio existencial se traduce en debilidad. De esa debilidad nace la angustia existencial.

En esas condiciones, aunque no lo sepa la conciencia y generalmente no lo sabe , la vida, convertida en fuga, busca una cosa por encima de todas: el retorno al equilibrio, *al paraíso perdido*. El individuo en su vida en fuga emprende la búsqueda del paraíso, la búsqueda del vellocino de oro que iniciaran hace largo tiempo Jasón y los argonautas...

El retorno de ese viaje es peligroso. Se navega como en *La Odisea*, entre Escila y Caribdis. Por ahí están el alcoholismo, la drogadicción, la enfermedad mental, etcétera. Como Ulises, hay muchas veces que amarrarse al palo mayor para no escuchar el canto de las sirenas. Por ahí están las Circes que transforman al hombre en cerdo y los Polifemos que con un solo ojo son sólo capaces de ver la forma material, pero incapaces de detectar la esencia humana, revestida de nombre, del cordero.

Los peligros de la erradicación del nombre son grandes. En la caída del nombre, al romperse la normalidad que constituye su esqueleto externo, muchas veces cae también el ser. Es un camino que hay que recorrer con gran cuidado. Es el mismo

hoy que el que tuvo que recorrer en las cavernas el hombre
primitivo.

El desafío de la vida no ha cambiado: quitarle al nombre las
riendas de la vida para poder emprender los caminos del Padre.
El nombre inevitablemente quiere ir por el camino que él mismo elige. La adjudicación de tan tremenda responsabilidad lo
enfermará. Su fuga en busca de equilibrio lo llevará a lo falso,
al deseo y a la posesión.

La conciencia es una parte de la persona en la superficie del
individuo. En su interior está el ser, el espíritu. Ambos acarrean
al alma. Hay espíritus soberbios que se adueñan de la persona y
acaban expulsando también al alma. La vida en esas condiciones
es similar a la que se tiene bajo el imperio del nombre, sólo que
como espíritus suelen ser más huracanados. No es lo usual. Lo
usual es el imperio del nombre. La respuesta en ambos casos es
la misma: el retorno al equilibrio perdido, la restauración del
alma. La soberbia de espíritu es fatídica.

* * *

El imperio del nombre distorsiona el espíritu. Es como una
carrera de caballos donde el caballo monta al jinete. En la
carrera de la vida el alma está designada para ser el jinete. La
persona es el caballo; el espíritu, sus riendas, el instrumento de
conducción. Pero cuando la persona se posesiona del espíritu
y se monta sobre el alma, cuando el caballo monta sobre el
jinete… ahí es cuando nace el nombre. Es la persona montada
sobre el alma, manejando las riendas del espíritu, asumiendo
lo que no le corresponde… Los pobres jinetes, cargando a los

caballos, llegan a la meta con las orejas destrozadas, con las costillas rotas, etcétera. El caballo ganador tira las riendas, se desmonta y relincha, declarándose ganador mientras su pobre jinete se desangra en el suelo. Algo parecido sucede en la carrera de la vida, donde el nombre va montado encima del alma y el espíritu ha sido subyugado.

La meta en la carrera de la vida es la muerte. Los nombres llegan a la muerte pensando que han ganado la carrera, o que la han corrido bien. Sus almas y espíritus en cambio suelen llegar distorsionados por el manejo del caballo, distorsionados por la tiranía del nombre bajo el cual ha transcurrido su pasaje por la existencia.

En estas circunstancias el proceso de envejecer bajo el dominio del nombre se convierte en algo muy triste.

* * *

En el reciclaje de la muerte la esencia pierde la forma.

El nombre es íntegramente forma.

En la muerte ni la esencia puede acarrear la forma ni la forma puede, por más que pretenda hacerlo, acarrear la esencia.

En el reciclaje de la muerte el alma, la que en vida tenía que ser llevada a todos lados, es la única que puede acarrear... y los últimos serán los primeros.

El alma llevará en el amor la forma, y en la verdad, la esencia.

Forma y esencia serán acarreadas por el alma en la medida en que hayan aportado verdad y amor.

* * *

El espíritu que ha readquirido su lugar es un *espíritu consciente*.
Ha reafirmado su derecho a su porción de superficie bajo la luz.
Obedece a las necesidades de amor y verdad del alma. Tiene
conexión directa a la superficie, a la conciencia, sin pretender
poseerlo. Se distingue de la forma que controla al espíritu,
la *conciencia espiritual*, porque el espíritu consciente tiene la
humildad del alma mientras que la conciencia espiritual tiene
la arrogancia del nombre. Para el espíritu consciente la responsabilidad del camino y su gloria no son suyas, sino del principio
rector. Porque en el espíritu consciente los propósitos del alma
rigen la vida.

* * *

El nombre tiene como señalizadores de su actuar a lo moral y
lo inmoral. El juicio de la moralidad pertenece a la forma, a la
conciencia. No puede haber moralidad inconsciente.

La esencia tiene como señalizadores de su actuar a lo correcto
o incorrecto. El juicio de lo correcto o incorrecto pertenece al
espíritu. Algo es correcto o incorrecto sin relación a la conciencia
o inconsciencia con que se haga.

Los señalizadores del alma son el bien y el mal. Su juicio no
corresponde a la conciencia ni al espíritu, ni a la esencia ni a la
forma. Es prerrogativa exclusiva del principio rector. Las cosas
son buenas o malas sólo en su relación con el alma.

Por eso, los que se instituyen en jueces del bien y del mal
usurpan el puesto del principio rector.

Se puede ser jueces de lo correcto e incorrecto, de lo apropiado o inapropiado, de lo moral o inmoral, pero no del bien y del mal.

Dios es el único juez del bien y del mal.

* * *

Para la conciencia posesionada del espíritu, para el nombre, la responsabilidad y la gloria de su actuación le pertenecen a él. Porque en la conciencia espiritual el nombre bloquea todo y expulsa lo que no ha podido esclavizar en la barca de su vida. Perece al final porque no es más que ficción y como tal no puede acarrear nada. Lo que creía de sí mismo acaba no siendo nada más que arrogancia de la forma.

En el caso del espíritu consciente, el espíritu cobija a la conciencia sin dominarla, y al final ambos son acarreados por el alma a la cual han servido de asiento.

Hay casos de soberbia espiritual, espíritus totalmente montados sobre la forma, pero son contados. El espíritu soberbio es capaz de derramar mal con gran capital.

Existen conciencias muy espirituales. Pero por más espirituales que sean, no pasan de ser nombres que aparentan ser dueños del espíritu, más nombres quizá porque más han usurpado las características de espíritu.

Hay muchísimos menos espíritus conscientes. En el proceso de quitarse de encima al caballo, muchos pierden el caballo y acaban con caballos alcohólicos, enfermos, demasiado heridos para continuar. Por eso es importante que el caballo se desmonte voluntariamente. Que abdique antes de quedar muy herido o enfermo. La abdicación es necesaria porque el caballo, teniendo fuerza física, es muy difícilmente desmontado por un espíritu sin fuerza física.

Como el caballo por sí solo no va a abdicar, es importante que sea el ser íntegro el que dirija el proceso. Para esto muchas veces se llegará a los límites de la normalidad, a lugares que ni el nombre reconoce como suyos. Hay que convencer al caballo de que se desmonte. El nombre tiene que darse cuenta de que está perdido. De ahí los peligros. Cuando el caballo se pierde, se pierde completamente.

Sólo cuando el nombre llega a convencerse algo difícil de su desubicación (generalmente en los límites de la normalidad), es que accede a dejarse conducir. Raro es el caballo que en el medio de su paseo por la vida se detiene y dice: "Hey, déjame ser yo el que te cargue a ti". Por eso son tan necesarios los regalos difíciles que Dios nos da.

* * *

El proceso de envejecer del nombre es triste porque, siendo solamente forma, tiene gran apego a ella. Se aferra a todo lo que inevitablemente perderá. Se aferra a sí mismo. El nombre se aferra al nombre; se aferra a sus pertenencias, fama, posición, poder, etcétera. Se aferra a sus placeres, a su salud, a su cuerpo mismo. E inevitablemente pierde todo, incluso su cuerpo. El nombre pierde entonces el nombre, cuando ya es demasiado tarde para lograr el equilibrio. El caballo se desmonta al fin de la carrera, cuando ya no importa...

En sus vanos intentos por mantenerlo todo, el nombre se petrifica, se vuelve como estatua de piedra. Mira hacia atrás, ve sus "logros" y no quiere perder nada. Pretende solidificarlo todo en el aquí y ahora. Ve, como la esposa de Lot, los placeres que deja atrás y no quiere o no puede alejarse de ellos. Adquiere rigidez. Pierde su flexibilidad. El ágil nombre joven se transforma en el rígido nombre viejo, tan cuidadoso de su propia dignidad y atributos.

Lo que debiese pasar es lo opuesto. El espíritu anquilosado y rígido dentro del esqueleto externo impuesto por el nombre debe de ir agilizándose hasta desechar ese esqueleto como si fuera la muda de piel de una serpiente, de la serpiente que pretende ser dueña del fruto del árbol del conocimiento del bien y del mal.

La tiranía del caballo es inevitable al principio por error original. No es inevitable al final. Su desaparición depende del renacer, de la abdicación del nombre.

* * *

La vida como adjetivo del verbo debe de darse equilibradamente, respetando también la forma. Porque la forma también es adjetivo del verbo.

El espíritu que por su libertad niega la forma, se pierde. Porque pierde la capacidad de amor en la vida. Pierde el equilibrio. Pierde la armonía. Pierde uno de los regalos de Dios. Y la esencia de esa manera tampoco puede ser correcta. Al principio rector se le debe amor y verdad. Ambos.

Capítulo once

Tiempo, ser y libertad

Definir la moralidad es función de la forma. La definición de lo correcto es función de la esencia.

El bien y el mal conciernen al alma y los define Dios.

La moralidad corresponde a la persona, la corrección al espíritu, al ser. El bien y el mal son jurisdicción del alma.

La moralidad tiene que ser consciente. La corrección puede ser inconsciente. Es posible hacer algo correctamente sin darse cuenta de ello. Pero no es posible que una acción inconsciente sea moral, o inmoral. Una persona inconsciente y desnuda sobre el suelo no es ni moral ni inmoral porque carece de conciencia.

Hay cosas que pueden ser morales pero incorrectas, o inmorales pero correctas. Puede ser que sea inmoral robar pero si un bebé se está muriendo de hambre puede que sea correcto robar para alimentarlo.

Cuando el nombre se convierte en juez supremo de tanto la moralidad como de la corrección, adultera tanto la moralidad como la corrección. Se vuelve como un poder judicial regido por el poder ejecutivo. El juicio se vuelve una farsa. Uno puede llegar a justificarlo todo.

El sentido de la corrección emana del interior del ser. El sentido de la moralidad viene de la forma de la acción, del exterior del ser.

El caso de Judas Iscariote confunde a los jueces. ¿Fue Judas, el traidor, bueno o malo? Hay poca duda de que la traición es inmoral e incorrecta, pero ¿fue la traición de Judas buena o mala?

Si consideramos que Judas cumplió con su destino histórico quizá no sea tan fácil calificarlo de malo. Estaba profetizado desde tiempos remotos que uno de su linaje traicionaría a Jesús. Y el día antes de su muerte el mismo Jesús le dice a Judas: "Tú me traicionarás".

Si Judas no hubiera traicionado a Cristo entonces los profetas y el mismo Cristo hubiesen estado errados. Al traicionar a Cristo, Judas lo "ayudó" a cumplir con su papel de Mesías. Hizo lo que de él exigía el destino. De lo contrario Jesús hubiese sido un farsante.

A Judas le tocó cumplir un destino histórico muy difícil. Y lo hizo a cabalidad. Si fue bueno o si fue malo es algo que no nos corresponde a nosotros juzgar. Sólo el principio rector está facultado para ser juez del bien y del mal. Solo Él tiene la visión panorámica del destino necesaria para regir sobre el bien y el mal.

El nombre, al usurpar la facultad de juzgar al bien y al mal, incurre en la más grande de las arrogancias. Por eso se dice que la serpiente tentó a Eva con el fruto del árbol del conocimiento del bien y del mal. El que lo come se coloca de plano del lado de la serpiente.

Es una usurpación excesivamente miope. No tiene en cuenta para nada ni la geometría del tiempo ni el destino de la vida.

Todos los destinos están dados en la trinidad. Una trinidad en el círculo eterno.

Este ser y estar, dados en la trinidad del círculo eterno, da "solidez" a tiempo y destino. Tienen *características* de sólido geométrico.

El tiempo tiene la geometría de un sólido.

Su inicio, transcurso y fin son partes coexistentes de una medida dimensional. Tiene el volumen de la existencia que envuelve.

Llamamos tiempo al envoltorio de la existencia, y es muy delgado, es su *superficie*. La existencia tiene una geometría cuya superficie es definida por el tiempo. El tiempo es la superficie sobre la que se desliza la existencia.

El tiempo tiene la profundidad de la existencia, y es mínima. Este tiempo tiene la profundidad de esta existencia, de este momento en el universo.

Los destinos están encajonados en la existencia. Por eso son muy difíciles de cambiar. Cualquier cambio en el destino, en cualquier destino, implica "mover" la existencia que lo rodea.

Los destinos vienen a ser como la música grabada en un disco. Sólo se escucha el momento "iluminado". Pero la música que vino y la que vendrá ya está ahí, grabadas. La libertad no está fuera del destino. Sólo se es libre dentro de su destino.

Los destinos y los tiempos están grabados de modo similar en la eternidad. Pero sólo reconocemos el momento "iluminado". A eso le llamamos *presente*.

Cambiar cualquier momento en el destino es muy difícil porque implica "mover" la existencia que lo rodea para que todo encaje... y la música debe de armonizar.

Hay dos tipos de libertad que caracterizan al tiempo y al destino en lo eterno.

Las libertades se dan en la profundidad de tiempo y destino. Son la libertad vital y la existencial.

Hay una tercera libertad, libertad absoluta, que no pertenece a la existencia, pertenece sólo a lo eterno.

No hay libertad absoluta en la existencia.

La libertad vital es de gran dimensión y se determina en el exterior de la existencia, teniendo en cuenta su totalidad. No nos concierne. Nacemos a la vida con determinado grado de libertad vital. Es nuestro "campo de acción" en la vida, la cancha sobre la cual se jugará el partido.

La libertad dentro del destino, la libertad existencial... ésa sí que nos concierne. Depende de aquello a lo que llamamos karma. El destino es sujeto a modificación *interior* en virtud del karma.

El karma es un producto de la existencia.

En términos sencillos, el karma viene a ser el peso del pasado, el efecto cumulativo de lo vivido. El karma ejerce un efecto de lastre sobre la barca de la vida. Por eso es difícil el cambio en la vida, por eso es difícil cambiar de curso a un destino: es como mover un transatlántico: hay que mover todo el lastre de su pasado, de su barca; es más, como en el judo, hay que aprender necesariamente a usar ese lastre para efectuar el movimiento.

La libertad existencial se da en virtud del elemento de incertidumbre que permea toda vida. La existencia es *co-partícipe* de su existir, lo que le da cierta responsabilidad. Como no puede haber responsabilidad sin libertad, se desprende que la existencia tiene una responsabilidad: ésa es nuestra libertad existencial.

En el manejo de nuestro karma está el ejercicio de la libertad existencial depositada sobre cada vida, y es capaz de modificar el destino. Puede llevar eventualmente a la liberación total, a la "ascensión al cielo". También puede llevar a la pérdida total de la libertad, a la petrificación, al "descenso al infierno".

A uno le llamamos el dominio del bien. Al otro le llamamos el dominio del mal. Al final de la vida se llega al bien eterno o al mal eterno. Habrá triunfado en nosotros el bien o el mal.

Adjetivaremos así con bien o con mal el reino del verbo.

La libertad existencial hace posible que coexistan la absoluta *rigidez* del pasado, y la total *fugacidad y permeabilidad* del presente. Entre la rigidez y la permeabilidad se da nuestro espacio existencial de libertad. Es extremadamente fugaz y estrecho. Sólo mediante el manejo consumado del karma se le puede aprovechar.

Julio César siempre será Julio César y no le quedará otra que cruzar el Rubicón. Judas será siempre Judas y tendrá que traicionar a Cristo. Éstos son, fueron y serán sus destinos... No pueden cambiarse. Es la cancha en que juegan el partido de sus vidas. La libertad vital con que se moldearon sus destinos lo determinó así.

La libertad existencial es una libertad de ciclo menor. Radica en cómo juegan el juego, no en sus parámetros.

Cambiar los parámetros del juego es un ejercicio en libertad vital y sólo se da al inicio del juego, en el tiempo *fuera* del destino.

Entonces, al inicio del ciclo de nuestras vidas, sí se podrá elegir el destino; será el destino de Julio César o el destino de Judas al que llegaron. En la elección del destino está el ejercicio de la libertad vital. No nos concierne porque se da fuera y únicamente fuera de nuestro ciclo de vida.

Esta vida pertenece a esta expresión del universo, una expresión tan sólida como un ladrillo. Tan sólida que en realidad no existe la casualidad. Algunos hechos nos "parecen" casuales sólo porque carecemos de la profundidad de visión necesaria para ver la inevitabilidad de la concatenación de hechos que constituye la cadena de la existencia.

¿Tenemos libertad? Sí, existencial.

La acumulamos lentamente como granitos de arena depositados por todo el mar de la existencia en las playas de nuestras vidas. Nos la creamos poco a poco, muy laboriosamente. La hacemos viviendo.

* * *

Dentro del espacio de libertad existencial está el detalle de la vida. Está todo lo que es "como", el adjetivo del adjetivo.

Tenemos libertad de adjetivo porque adjetivo somos. ¿Cómo vamos a la fiesta? ¿Con vestido rojo o azul? ¿Por cuál camino vamos a la playa, por éste o por aquél?

Hay algunos detalles que aparentan ser detalles sin serlo: son más bien hitos del existir. Esos no son sujetos a libertad existencial. Ni el cruce del Rubicón ni la traición a Cristo fueron meramente detalles. No fue por "casualidad" que fulanito de tal eligió ese vuelo, ese día, en esa aerolínea, para viajar. Ése fue el vuelo que se desplomó.

La libertad existencial procede.

La libertad vital contiene.

La libertad absoluta pertenece a la eternidad.

La existencia transcurre hacia su equilibrio. La existencia transcurre en búsqueda del equilibrio perdido en la explosión inicial de ser.

La existencia transcurre en soledad. La soledad de lo vivo se llama individualidad. La individualidad sólo se sobrepasa mediante el amor, y el amor no existe sin la verdad. La búsqueda de ambos es la búsqueda de la famosa fuente de la juventud.

La soledad existencial adquiere proporciones descomunales bajo el dominio del nombre. Bajo el dominio del nombre la individualidad se convierte en soledad descarnada.

El temor a la soledad es el primer temor existencial de nuestra condición humana. Se da incluso antes que la ansiedad de la conciencia frente al desequilibrio causado por la inflación del nombre. Su impacto nos golpea con el primer respiro de recién nacido.

El aislamiento es condición *sine qua non* de la existencia.

El aislamiento de la vida se denomina individualidad. La verdad y el amor son lo único que nos permite sobrepasar las barreras de la individualidad.

El amor existe en la verdad. Es la fuerza que une la verdad. El amor es la fuerza de la verdad. La verdad es la fuerza del amor. La verdad existe en el amor, es la fuerza que lo une.

La verdad no puede existir en el odio. El amor no puede existir en la mentira.

El amor y la verdad nos unen a la eternidad (porque de tal manera amó Dios al mundo...).

La unión sin amor o verdad, el sobrepasar las barreras de la individualidad sin que medien el amor y la verdad, llevan a la soledad descarnada. La individualidad de la vida se transforma en soledad descarnada. La vida sin amor y verdad se vuelve totalmente solitaria.

Ésa es la tragedia de la vida del nombre: que la suya es una vida solitaria. El pobre nombre, tan cuidadoso de su supremacía en "su" vida quiere desesperadamente relacionarse pero no sabe cómo hacerlo. Le falta el primer ingrediente necesario para hacerlo: la verdad. Busca el amor, pero carece de verdad.

Dios es verdad pura. Dios es amor puro. Dios es el camino.

La verdad es. Todo el resto no es.

El principio rector mira a uno de sus lados y lo ve lleno de verdad. Voltea al otro y lo ve lleno de amor. Su lado creativo tiene verdad. Su lado receptivo tiene amor. De su mezcla por parte del principio rector nace la existencia.

En la eternidad inicio y fin se unen. El transcurso llega a sus extremos direccionales y los cruza, se vuelve en dos direcciones, hacia afuera y hacia adentro, se expande y se contrae al mismo tiempo.

En la eternidad *todo ocurre, nada transcurre*. Eso es lo que hace posible la coexistencia de los opuestos en la eternidad: que se dan sin desarrollo, sin transcurso. Por eso sólo en la eternidad se da la comunión total.

La oposición direccional en la eternidad hace que la eternidad sea puntual, que ocurra sin desarrollo, sin transcurso, sin ocupar espacio. La totalidad es puntual. El encuentro de todas las fuerzas opuestas entre sí en la totalidad concentra a ésta en un punto infinitesimal. Ese punto de encuentro está en la eternidad, fuera de la existencia. En la eternidad hay oposición direccional total, y lleva la totalidad a la *inexistencia*.

La eternidad es una singularidad. Escapa a la existencia. Se llega a la eternidad por medio de una implosión. Se inicia la existencia mediante una explosión.

La inexistencia hace posible la oposición total, el equilibrio perfecto sin dirección alguna.

La dirección implica un desequilibrio en uno de los lados de Dios. La existencia implica un desequilibrio. El desequilibrio de la existencia es "original".

El inicio del transcurso direccional es aquello a lo que le llamamos "la creación". La creación, "las" creaciones, son exhalaciones de la eternidad. La exhalación es desequilibrada. Con la exhalación la eternidad se equilibra. Por eso transcurrimos la existencia en busca del equilibrio perdido.

La creación es una fluctuación del ciclo de Dios. Esta fluctuación produce el inicio del transcurso direccional. Cuando algo adquiere dirección viene a la existencia.

Adquirir dirección es venir a la existencia. Es el ser creado. La existencia va, transcurre.

La existencia es una toma de dirección, es un adjetivo.

La dirección sólo es posible en aislamiento. La falta de aislamiento, el encuentro con la medida opuesta, ocasiona la pérdida de dirección y la interrupción del transcurso existencial.

El aislamiento de la vida es condición del existir, es la individualidad. Sin individualidad se interrumpe el transcurso de la vida.

En la condición humana, el principio rector se imprime a sí mismo. Estamos provistos de su verdad, de su amor y de la guía de ambos… Trinidad impresa.

La individualidad está dotada de amor, verdad y guía. El imperio del nombre sobre el ser excluye la guía y se pierden tanto la verdad como el amor.

La verdad y el amor permiten saltar las barreras del aislamiento existencial sin destruirlas. Diluyen la soledad existencial. Permiten ingresar tras otras individualidades sin causar destrucción. La fuerza de la verdad y el amor mantienen la individualidad excluyendo la soledad. La falsedad y la falta de amor aniquilan la individualidad y la reducen a soledad existencial.

¿Transcurre la vida? Sí, en la existencia. Pero en la muerte ingresa a su oposición direccional. Entra a la eternidad. La muerte es un cambio de dirección.

El aislante existencial de la vida, la individualidad, queda disuelto en el ingreso a la eternidad. Pero la verdad y su amor sobrepasan *aun* esa barrera. La verdad y el amor son capaces de sobrepasar toda barrera sin destruirla.

El verdadero crecimiento del ser se da no mediante la inflación del nombre, sino más bien mediante el crecimiento en amor y verdad. La vida en amor y verdad crece saludablemente tanto en sustancia como en forma.

La verdad y el amor son lo único capaz de sobrepasar la barrera de la eternidad.

Sólo el espíritu rodeado de amor y verdad es capaz de preservar la conciencia. Por eso se dice que sólo Dios lleva a la vida eterna. Porque toda verdad y todo amor vienen de Dios. Son sus lados, y son el camino. El camino a la vida eterna. Sólo la verdad y el amor son capaces de elevar la conciencia a la eternidad. Porque en la eternidad se da la unión común de todos los seres. Sin la fuerza del amor y la verdad la conciencia se disuelve en esa comunión. Sería una atmósfera demasiado rica para ella, para la conciencia convertida en nombre. La conciencia convertida en nombre cae. Es tan falsa que no puede elevarse. Es débil, nunca ha hecho nada: ha transcurrido su existencia sobre los hombros del espíritu, mandando al alma como si fuese una empleada doméstica. No puede elevarse.

La verdad y el amor le dan la fuerza necesaria a la conciencia para ingresar en la *común-unión*. Se llega a una conciencia que sobrepasa la individualidad, a una conciencia sin divisiones, con comunión total.

La verdad y el amor son los más fuertes de todos los atributos y fuerzas. Se revisten de la totalidad. La totalidad es una. La verdad es una y sólo una. Todo el resto es falsedad. El amor todo lo abarca, todo lo puede.

La verdad es una.

Dios es sólo uno. El resto es legión.

La verdad y el amor son los lados de Dios.

El poder de lo uno es el poder de la verdad y del amor. La verdad y el amor son lo único que vence toda barrera. Unen existencia y eternidad.

Todo lo vivo tiene un grado de individualidad. Lo vivo tiene límites definidos que no se pueden violar. Lo vivo *necesita* un elemento de aislamiento. Es la individualidad.

La individualidad humana es aislamiento dotado de capacidad de verdad y amor. La verdad y el amor aíslan y relacionan a la vez. Protegen sin rechazar. El amor es libre, pero no es independiente.

La conciencia confunde la libertad con la independencia. El nombre, de manera especial, al creerse rey y señor se cree independiente. Profundiza así su soledad.

Lo vivo necesita aislamiento, pero entonces surge un error. El nombre, al asumir el control, destruye las posibilidades de libertad del espíritu, el "resto" del ser.

La libertad es de la esencia. La independencia es de la forma.

El nombre, por su apego a la forma, por error original, busca más la independencia que la libertad. Independencia y libertad son muy diferentes. Pertenecen a distintos principios.

¿Puede haber libertad sin independencia? La respuesta es sí. ¿Puede haber independencia sin libertad? Sí, también.

La libertad es del espíritu; la independencia es de la forma.

El desequilibrio de la vida nos lleva, por error original, a alimentar la independencia mas no la libertad. Solemos alimentar al caballo mas no al espíritu.

Et veritas liberabit vos. La verdad os hará libres.

No se puede ser libre sin amor y verdad.

La independencia sí puede rodearse de mentira y odio.

En nuestra confusión existencial, al dar prioridad a la forma buscamos la independencia e ignoramos la libertad. Nuestra búsqueda de la independencia nos lleva a buscar la *auto-suficiencia*. El nombre confunde autosuficiencia con la libertad.

La búsqueda de la auto-suficiencia nos lleva a crear tales ataduras, tantos amarres y transacciones en la vida, que perdemos la libertad. *Nos encerramos en independencia.* Nos volvemos literalmente solos dentro de un mar de humanidad.

Lo paradójico es que se puede sobrevivir sin libertad pero no sin independencia.

Una de las contradicciones de la vida es que se puede matar la libertad de su esencia mas no la independencia de su forma. Eso se debe a que la forma *contiene* la existencia. El aislante existencial está en la forma.

Al confundir libertad con independencia, la individualidad entra en soledad. Se pierde la libertad. Se petrifica el espíritu.

La independencia es un "yo hago lo que quiero". La libertad es un "yo hago lo que debo".

La libertad se sujeta a la verdad y al amor. Idealmente, la independencia de la conciencia está condicionada a la libertad del espíritu. Entre las dos se crea y mantiene la individualidad. Cuando la conciencia expande su reino y se impone sobre el espíritu, se acaba la libertad. La individualidad se vuelve vacía. Se ha aniquilado la libertad interior. La individualidad se convierte en soledad.

Lo vivo es individual.

No existe una "piedra individual". No hay ni siquiera una molécula individual. Sí hay una célula individual. Un sapo sí es individual. Una media piedra sigue siendo piedra entera. Un medio sapo deja de ser sapo entero.

La soledad es una característica formal de la existencia. Pertenece a la conciencia. La individualidad es una característica esencial de la vida.

La soledad y la individualidad hacen posible la multiplicidad de la vida sin oposición direccional, sin que lo vivo y existente entre en eternidad.

Llamamos muerte a la oposición direccional de la vida.

Vida y muerte son sólo definiciones direccionales.

En la vida la individualidad es el aislante direccional característico. La individualidad y la soledad están inexorablemente ligadas en la existencia.

En la muerte se pierde el aislante direccional. Al hacerlo la vida pierde individualidad, se *des-aísla*. Caen todas las barreras de la forma. Al perderla, ¿la vida entra en eternidad?

Al morir, al perderse la independencia de la forma, se ingresa a la común-unión, a la comunión eterna; el barro ingresa a su soledad continua de barro hasta que el barro mismo sea devuelto a la eternidad.

Si para ese entonces el espíritu no perdió su libertad, si esta libertad *re-nació* con el triunfo de la verdad y el amor, entonces la verdad de ese espíritu y la belleza de su forma son llevados por el alma que acarrearon.

Cuando la conciencia es forma que se adueña del espíritu, que pretende ser alma rectora, que se infla grotescamente, entonces todo perece por ficticio.

Sólo se puede ser libre por verdad y amor. Libre por Dios. La verdad y el amor son los lados de Dios. La verdad y el amor se conjuntan en la libertad eterna.

Se muere cuando se interrumpe el transcurso, como un vehículo que pierde la dirección. Morir significa llegar al cambio de dirección de vida. Puede no significar nada, mas depende.

La dirección existencial de un ser individual es aquello a lo que llamamos vida o muerte.

La eternidad existe en amor y verdad. Una conciencia sin amor y verdad no ingresa en ella.

* * *

El amor, la libertad y la verdad son de la esencia.

La independencia acaba con la forma.

La conciencia formal no ingresa. Por falsa.

Por eso la individualidad sin amor es tan dañina. Y toda dirección emprendida sin verdad es igualmente nefasta.

El nombre preside sobre una ficción. Para ser verdadero se tiene que borrar el nombre, restaurar el espíritu y servir al alma. Dar a Dios lo que es de Dios.

Borrar el nombre quiere decir aceptarse uno tal y como uno es, con todas sus virtudes y con todos sus defectos. Ése es el significado de humildad. Ésa es la primera verdad en el camino a Dios.

Esa primera verdad es aceptarse a sí mismo, no conocerse a sí mismo. Conocerse a sí mismo es otra arrogancia del nombre, proviene del exterior consciente. Aceptarse a sí mismo proviene de una actitud interior, de la esencia del ser, de su espíritu.

Cogito ergo sum es una arrogancia porque el pensamiento es de la conciencia. Es una arrogancia que el pensamiento justifique al ser. Es en todo caso el ser el que justifica el pensamiento; el que sostiene o debiese de sostener y mantener a la conciencia. Y no todo ser es consciente.

El momento de aceptación del ser es el momento de la caída del nombre. Es un momento crítico en la vida. Es el momento de nacer de nuevo. Tiene una cronología invariable.

El nombre, el falso ser, nace como fruto del error original. La conciencia, en su arrogancia y su pánico, decide escapar del ser. Lo rechaza y lo suplanta con el nombre. La vida como ficción, la separación de la verdad, la pérdida del paraíso, es el resultado de ese instante.

Cuando por fin el ser logra volver, *se produce el retorno del hijo pródigo*, se regresa al camino de la verdad.

El hijo pródigo retorna cuando abandona su arrogancia, cuando cesa en su intento de ser *independiente*, cuando deja de tratar de labrarse un *nombre*.

Se sale de la eternidad y se ingresa en la existencia con una explosión direccional. Como la dirección no puede ser sólo una, sino por lo menos dos (una dirección implica otra dirección, es la separación de acción y reacción), entonces se deduce que la creación se da en pareja. Dios crea su Adán pero también su Eva. Llamamos masculino a la acción, a lo creativo. Femenino a la reacción, a lo receptivo. Primero viene la acción. Dios crea primero a Adán, después a Eva. Creó este universo pero también ése. Están en los lados de Dios.

En la existencia, la libertad la ejerce el individuo solo. Llamamos libre al que puede actuar por sí mismo, de forma independiente. La independencia es un "prejuicio" de la libertad existencial.

La independencia total es imposible. La libertad absoluta es igualmente imposible... en la existencia. La libertad total sólo es posible en la pérdida de independencia. Eso sólo es posible mediante el amor, que une. Unir es lo contrario a independizarse. Y sólo es posible mediante la verdad, que preserva. Preserva porque *es*.

Independencia y libertad se oponen en la existencia. Sólo pueden *co-existir* mediante el amor y la verdad.

En la independencia está el individualismo desorientado, uno que carece de sentido, uno que sale a "labrar el nombre propio".

La libertad tiene sentido propio, no así labrar el nombre propio. La independencia "parece ser". Sólo es forma. La libertad es contenido. La libertad es activa pero no ofensiva. La independencia es forma, es defensiva pero no pasiva. La libertad va hacia afuera, relaciona, comulga. La independencia va hacia adentro, aísla, protege, encierra.

Para muchos esta existencia es el despegue a la libertad absoluta.

Para éstos la vida es un tejido que lleva a la comunión total fuera de la existencia. La comunión es una característica de la libertad extra-existencial, donde la independencia no figura, donde se puede dar una libertad sin independencia pero consciente, con una conciencia sin nombre, humilde.

Con Jimmy Carter en 1980. Carter se preparaba para una lucha muy dura con Ronald Reagan. Yo radicaba en Nueva York preparando el primer noticiero nacional SIN (Spanish International Network, predecesora de Univisión) del cual fui durante unos meses su primer productor ejecutivo.

Con el victorioso Ronald Reagan después de asumir la presidencia en 1981. Yo ya estaba instalado en Washington. El noticiero nacional SIN salía de un tráiler en la Universidad de Howard, en el corazón de un ghetto de Washington.

En la sala del gabinete en 1991 con el presidente George Bush. Se preparaba la entrada de Estados Unidos en la primera Guerra del Golfo contra Iraq. Poco después yo me fui rumbo a Dubai, donde empecé mi cobertura de la guerra.

Con el entonces congresista Bill Richardson en 1992. En la dedicatoria se lee: A Guillermo, el Walter Cronmkite hispano. Mi camarógrafo fue Harry Schoffner y mi productora Dana Dunells. Recuerdo, y Richardson lo recuerda también, que en ese día le pronostiqué que él sería un político de talla nacional.

El equipo fundador del primer noticiero nacional de Telemundo en 1992. De izquierda a derecha: Carlos Botifoll, Oswaldo Petrozino, Guillermo Descalzi, Raúl Peimbert, Ricardo Brown, María Elvira Salazar y Sergio Bendixen.

Con el recién inaugurado presidente Bill Clinton en 1993, en la primera de varias entrevistas con él en la Casa Blanca.

Con Rosita, mi esposa, en el año 1996 caminando en la playa en Miami Beach.

Portada de la revista Newsweek.
Edición del 15 de abril de 1996. El
artículo se titulaba "El descenso de
Descalzi". La ida y vuelta del infierno
de una estrella de televisión.

En Radio Unica en 2002.

Con el entonces presidente de Perú, Alberto Fujimori en 1997. Fue un hombre muy limitado. En la era de la computación, él escribía en papelitos que se guardaba en el bolsillo. No supo entender los límites de su propia limitación, y se extralimitó. Eso nos suele suceder a casi todos.

El equipo de Ocurrió Así en Telemundo en 1998. Fuí el conductor del programa tras la salida de Enrique Gratas.

Con Hadassah Lieberman, esposa del senador Joseph Lieberman, en campaña
política en 1999.

Con la congresista Eliana Ross-Lehtinen durante una operación anti-drogas del
servicio de Guarda Costas en el río Miami en el 2000.

Con Jaime Bayly y Ricardo Brown en 2004.

Con el senador John McCain en campaña presidencial en el 2008.